U0837578

冰雪项目执教理论与实践研究

——国家体育总局2017年冬季项目青年教练员公派赴美国留学班成果汇编

国家体育总局干部培训中心　编

北京体育大学出版社

策划编辑：吴　珂
责任编辑：吴　珂
责任校对：田　露　刘艺璇
版式设计：杨　俊

图书在版编目（CIP）数据

冰雪项目执教理论与实践研究：国家体育总局2017年冬季项目青年教练员公派赴美国留学班成果汇编 / 国家体育总局干部培训中心编. -- 北京：北京体育大学出版社, 2021.4

ISBN 978-7-5644-3430-4

Ⅰ. ①冰… Ⅱ. ①国… Ⅲ. ①冰上运动－教练员－工作－研究②雪上运动－教练员－工作－研究 Ⅳ. ①G860.2

中国版本图书馆CIP数据核字(2020)第256343号

冰雪项目执教理论与实践研究
Bingxue xiangmu zhijiao lilun yu shijian yanjiu　　**国家体育总局干部培训中心　编**

出版发行：北京体育大学出版社
地　　址：北京市海淀区农大南路1号院2号楼2层办公B-221
邮　　编：100084
网　　址：http：//cbs.bsu.edu.cn
发 行 部：010-62989320
邮 购 部：北京体育大学出版社读者服务部 010-62989432
印　　刷：北京玺诚印务有限公司
开　　本：710 mm × 1000 mm　1/16
成品尺寸：170 mm × 228 mm
印　　张：7.5
字　　数：108 千字
版　　次：2021年4月第1版
印　　次：2021年4月第1次印刷
定　　价：35.00元

前　言

为学习美国冬季项目运动训练的先进理念、方法和手段，在国家留学基金管理委员会的大力支持下，国家体育总局于2017年8月至11月举办了“国家体育总局冬季项目青年教练员公派赴美留学班”。

本次留学班在美国佐治亚州州立大学举行，共有20名学员，全部为我国从事冬季项目训练的优秀青年教练员。留学班采用单独编班、单独授课、模块化教学的方式。学习内容涉及运动生理学、运动解剖学、运动生物力学、运动营养学、康复医学等运动训练学科基础性教学内容，也有冬季项目体能训练、技术训练等实践性教学内容；授课教师既有学术研究成果丰硕的资深教授，也有实践经验丰富的一线教练员；既有单项协会负责人等职业体育管理人员，也有运动防护师、物理治疗师、体能训练师等竞技体育训练领域专家。

学员在学习期间，在充分吸收学习所得的基础上，分组进行了课题研究，并认真撰写了个人总结。为了总结此次留学成果，便于交流，并向有关职能部门提供参考，我们将学员课题研究和培训总结编辑成集。在本书的编辑过程中，得到了国家体育总局人事司、冬季运动管理中心、北京体育大学领导的关心、重视和北京体育大学出版社的大力支持，在此一并致以衷心感谢。

由于水平有限，书中难免存在不当之处，敬请读者批评、指正。

本书编委会

目　录

课题研究

学员论文

国家体育总局2017年冬季项目青年教练员公派赴美国留学班总结

受国家体育总局与国家留学基金管理委员会委派，我们于2017年8月16日至11月18日在美国佐治亚州州立大学（Georgia State University）进行为期三个月的访问留学。佐治亚州与北京有12个小时时差。经过长途飞行，留学班一行人于8月16日上午当地时间抵达佐治亚州亚特兰大市。驱车前往公寓入住后，大家到附近的商场购买了生活用品。匆忙安排好住宿，第二天学员们正式开始了留学生活。

一、学校介绍

佐治亚州州立大学成立于1913年，是美国东南部城市中最主要的研究型高等学府，作为全美最具学术价值的大学之一，它吸引了来自全美各州和世界120多个国家的学生。佐治亚州州立大学的博士学位教育跻身于美国100所最好公立大学之列。佐治亚州州立大学位于佐治亚州亚特兰大市——美国东南部地区主要的政治、经济、商业、卫生和法律中心，这里名师荟萃，为学员们提供了难得的学习机会。

该校有近4.5万名学生，开设200多个专业，主要有保险统计、非洲与美洲研究、人类学、艺术、教育学、生物学、化学、计算机信息系统、早期儿童教育、经济、金融、英语、法语、德语、地理、地质学、健康与体育、历史学、护理学、营养与饮食、新闻学、管理学、市场学、数学等，可以颁发52项学位证书。

二、学习感受

短期的访学要学到很多东西是不现实的，更多的是体验不同地域的文化、教学方式。佐治亚州州立大学与国内大学相比，在教学内容等方面不一定有质的差别，但是因西方的沟通习惯使然，其教室的座位是U形排布，教授可以走到学生中间，鼓励思考，鼓励对话，师生即时互动，积极探讨，这些不同的教学方式很好地促进了大家独立思考，启发大家探索同一件事情是否还能用其他的方法解决。我们接触的环境在不断变化，遇到的问题也多种多样，如果我们不用创造性的思维来看待问题、分析问题和解决问题，就会因循守旧，无从创新。学员们就是在这样的氛围中，体会到了国外体育教学的特色。课堂上，教授们随时可能发起互动活动，让学员们在参与中体验和分享，并鼓励学员们独立思考，不受束缚，这也是学员们感受最深刻的。

同时，教授注重对批判性思维的培养。美国大学教育之所以能培养出一批又一批的人才，正是得益于其拥有一批具有先进教学理念并掌握优秀教学方法的教师。他们在学生的认知和发展中贯穿批判性思维教育，并有效地训练学生运用批判性思维分析和解决问题，最终使发现问题的精神根植于每位学生的发展之中。在这种教育模式下，知识通过提问得以丰富，答案通过讨论得以完善，脉络通过归纳得以梳理，效果通过实践得以评定。置身于美国课堂，学员们自然也切身感受了这种思维培养模式给学习带来的益处。

在佐治亚州州立大学，上课的形式是多种多样的，其中有两种形式比较常见：一种是几十人坐在教室中听老师讲课，就像我们国内大学的大课一样；另一种是小班课，注重的是集体讨论，老师讲课时，喜欢结合案例分析讨论，并给学生一个要点，让学生独立思考后分别讲述自己的观点——所有学生都需要发言，每个人都要阐述自己的观点。我们此次留学班采取的便是这种上课形式。

佐治亚州州立大学的课堂教学氛围比较自由宽松，学生随时可以就不理解的问题向教授提问。课堂上师生间的教学互动较多，学生学习时的主动性较强。教授在授课过程中常常布置很多需要学生课后阅读相关材料的任务，并按课程进度将讲义、作业和解答发布在班级的网络平台上，然后对其中的关键点进行点评。

三、心得体会

说到这次访学的心得体会，还要从人与人之间的关系谈起。“友善、热情、信任、尊重”的氛围在陌生人之间传递，令人心情愉悦。美国人的待人友善让人深有感触，无论是学校的教师、学生，入住公寓的工作人员，还是路人、警察，迎面走来都会送上微笑并热情问好，寻求帮助也能很快得到响应。在很多小事上都体现了当地人的相处之道，也很好地诠释了美国人宣扬的社区理念。

对于本次留学班学员而言，此次访学，既开阔了眼界，增长了知识，又丰富了阅历，理解了中西方的差异，在学员们的学习经历中画上了浓墨重彩的一笔。同时，学员们对体育理论的学习还有待加强。在理论与实践上，大家更偏重于对实践的学习，而对理论的学习，尤其是运动项目里涉及其他学科的学习能力还有待提高，学习之初更多的是新鲜感，对基础理论的学习与探究欲望较少。此次学习中，学员们心存感激，感谢国家体育总局以及国家留学基金管理委员会为大家提供了一个访学交流的平台，使大家有机会领略和体会体育发达国家的体育文化与理念；感谢美国导师们的悉心指导，使大家在专业知识的掌握与理解上能事半功倍；感谢同行们的关心和照顾，学员彼此之间建立了如家人一样的感情，感受到了如亲情一样的友情；还要感谢每位学员的家人，使学员们在前进的道路上得到无数的鼓励和支持。

课　题

研　究

复合型训练团队的合作研究

课题负责人：冯凯　郭文利

摘要： 本文第一部分概述了复合型训练团队的理论内容，介绍并分析了复合型训练团队的含义及特征，结合相关领域的研究结果对复合型训练团队的功能及发展目标进行了解释；第二部分从三个层次对复合型训练团队的结构进行了阐述，主要分为人才群体、软件技术层以及硬件设施层；第三部分从影响团队合作模式发展的主要因素入手，结合已有的研究成果对复合型训练团队的合作路径及合作模式进行了详细的总结与归纳；第四部分根据复合型训练团队的合作路径与合作模式，从增强教练员与研究员之间的关系、制定阶段性目标以及保持团队合作动力的角度，提出了促进我国复合型训练团队发展的有效途径。

关键词： 复合型训练团队；团队合作；竞技体育

一、复合型训练团队概述

竞技体育不断发展，对于竞技体育内部训练团队的要求也在逐渐提高。在早期，训练团队大多为单一模式，但是这种模式已经逐渐不能适应竞技体育对团队的要求，此时，复合型训练团队应运而生。这类团队结合了各团队的不同特点，取其精华，去其糟粕，十分符合竞技体育未来的发展方向，这不仅是国家自身的进步，更是竞技体育整体的进步。

（一）复合型训练团队的含义及特征

1. 复合型训练团队的含义

竞技体育近年来得到飞速发展，无论对运动员还是教练团队来说，单一的技术训练或指导并不足以取得优异的成绩。对于运动的训练也并不应该单纯地局限于动作和技术，而是要求多方面综合性地发展及训练，在运动员身体素质、技术能力、专业知识等各个方面都应该做到全面发展。这就要求团队应具有一定的综合素质，其内部人员不能单纯地局限于体育型人才，而要各方面人才一应俱全。随着团队内部所包含人才数量和种类的增多，整体团队变得更加饱满，因此，将这类团队命名为复合型训练团队。

复合型训练团队与传统的训练团队之间存在根本的区别，但是从训练目的来说，二者又是相辅相成的。传统的训练团队更多地关注对运动员技术能力的训练，而相对忽略了对运动员体能及理论知识方面的培养与提升。复合型训练团队的组成就弥补了这一缺失，更加具有针对性。复合型训练团队的各个部门都各司其职，具有一定的专业性质，因此就更能保证运动员的全面发展，促进运动员不断提升参与项目的能力。

2. 复合型训练团队的基本特征

复合型训练团队成立的根本目的就是弥补传统训练团队内部存在的能力缺失问题，更加科学地帮助运动员提升自身能力，并在未来得到更加优异的发展，从而促进整个竞技体育的进步。由此，复合型训练团队应该具备以下基本特征。

第一，团队各方面人员完善。一个复合型训练团队，应具备最基本的教练员、运动员、科研人员、整体团队的管理者等各方面人才，有针对性地对运动员负责，更加科学地保证运动员能力的提升。

第二，将提高运动员整体能力作为工作目标。复合型训练团队不仅应该有提升运动员技术技巧的能力，更应该具备提升运动员整体素质的能力。

第三，熟悉运动项目的发展动向。与其他类型的团队不同，复合型训练团队所包含的人才具有一定的研究能力，他们可以根据体育项目的发展现状，预测项目未来的发展动向，做出技术创新，为竞技项目增添活力。

第四，科学规划训练方法及流程。复合型训练团队能够适应时代发展的根本原因，在于它从科学的角度全方位地对运动员进行培养，因此，其所制定的运动员训练方法及流程更加科学，也更加合理。

（二）复合型训练团队的功能及发展目标

1. 复合型训练团队的功能

首先，复合型训练团队具有为运动员提供全新训练形式的功能。复合型训练团队可以将训练与科技有机结合，使运动员的训练更加科学，不仅可以防止运动员训练过度的现象发生，还可以帮助运动员更加合理地调整赛前状态，从整体上提高运动员的参赛状态。

其次，复合型训练团队还具有提高教练员科学素养这一功能。就传统的训练团队而言，教练员往往在项目技术层面具有更多的专业技能，但是对与项目相关的理论知识或是训练的实际步骤等方面的了解较为模糊，此时，复合型训练团队就可以充分地发挥提高教练员科学素养这一功能，教练员可以听取团队内部相关专业人才的建议，将其融合在训练过程中。

因此，复合型训练团队的运动员和教练员两方面相辅相成，相互促进，全面提高我国竞技体育各个项目的综合能力，使其随着时代的发展而进步，推动整个竞技体育的发展进程。

2. 复合型训练团队的发展目标

复合型训练团队具有综合性，这类团队的工作目标也同样具有综合性。首先，复合型训练团队最为重要的工作目标就是实现对运动员的科学训练，这不仅是为了提高运动员自身的综合发展而努力，更是为了我国竞技体育的不断完善而奋斗。复合型训练团队可以长期针对某一项目或是多个项目进行训练，从而有助于其整体的发展。复合型训练团队已经突破了传统的训练团队主要的技术研究领域，更多的是为了我国体育竞技甚至是整个体育市场的发展而做贡献。

此外，在训练步骤、训练时间、训练规律及训练手段等各个方面都更加科学、合理地做出了规划。复合型训练团队根据某一竞技项目的动作及要求，对运动员自身的指标实施监测与分析，及时给运动员补充所需营养，或提出某个专项训练的建议。

不仅如此，复合型训练团队还致力于实现不同类型、不同种类的复合型训练团队的有机结合，正如体育运动是一个整体一般，复合型训练团队之间的有机合作、相互借鉴则更加有助于这一整体的发展，推动实现整体上的共同进步。

二、复合型训练团队的基本结构

复合型训练团队所具有的一大特征就是更加全面地为运动员的训练起到辅助的作用，从而提高运动员整体的竞赛能力及比赛成绩。复合型训练团队所具有的这一特征，间接地决定了复合型训练团队的结构。总体来说，从训练体系的角度看，复合型训练团队的结构主要分为三个层次，分别为人才群体（核心层）、软件技术层以及硬件设施层（图1）。

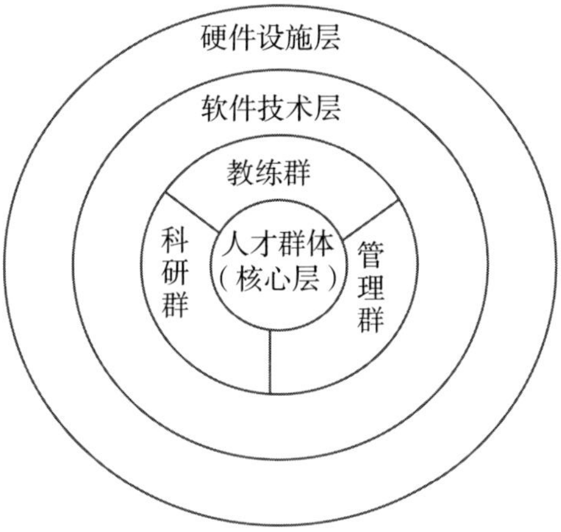

图1　复合型训练团队的结构

无论是人才群体、软件技术层还是硬件设施层，三种层次缺一不可，这种类型的复合型训练团队较为完备，从各个角度上都给予了运动员更多的支持与帮助，并且保证了运动员跟随项目整体的进步而提升。

（一）人才群体

复合型训练团队内部的核心力量就是人才群体，其中包含教练群、科研群及管理群。三种群体之间的各级管理人共同组成了复合型训练团队的核心层，他们综合自身部门的精华，相互交流与沟通，共同提出运动员训练项目并做出训练规划。

其中，教练群体主要负责对运动员技术层次上的培训与管理；科研群体主要负责运动员的身体健康及营养补充等；管理群体则负责整个团队内部的纪律、设施等方面的综合性管理。三种群体共同围绕运动员而工作，形成了人才核心组织，并及时吸取经验，有效地对运动员全面发展做出保障。

（二）软件技术层

软件技术层与教练群体的技术培训存在一定的区别，软件技术层工作的主要内容是关注其所从事运动项目的未来发展及相关理念的引进。任何一项体育运动都随着赛制及要求的不断改进而发生变化，此时，软件技术层就要时刻关注这些变化，从人体学、运动学等角度，致力于探索新的训练方式、训练方法及训练规律。

不仅如此，软件技术层还要时刻保持与外界的交流，吸取世界范围内不同国家的先进理念及经验，结合我国运动员的实际情况，创造出系统合理并且符合运动员各方面能力发展的技术体系。

（三）硬件设施层

顾名思义，硬件设施层的主要工作内容就是对运动员所使用的运动器械、训练设备等进行管理及开发，在保障运动员身体安全的同时，使其更加符合项目的要求，帮助运动员更好地完成比赛。

三、复合型训练团队的合作路径及模式

（一）影响团队合作模式发展的主要因素

1. 世界竞技体育及科技的发展

目前，世界竞技体育的发展不仅仅要求彰显运动员自身的能力，更是对其背后的整个训练团队及国家提出更高的要求。正如体育比赛一样，比赛的结

果虽只是对运动员比赛成绩进行考核，但更多的是对其背后团队合作的效果进行的一种审核。正如世界经济全球化一样，体育竞技如同另一种类型的竞争市场，受到时代发展的推动，要求团队也要随其实现国际化。

然而，无论是赛制体制的变动还是体育项目技术的发展，都在潜移默化地影响着运动员背后团队的力量，传统的以教练技术训练为主的训练团队已经明显不能适应这种进步，复合型训练团队由此产生。这也同时意味着受到世界竞技体育以及科技发展的影响，团队之间的合作模式逐渐趋向复合型训练团队。

2. 教练员科学素质发展取向的要求

任何一种类型的团队，教练员都是团队的主体。随着世界竞技体育要求的不断提高，不仅要求教练员本身的技术过硬，更要求其具有一定的科学素质。所谓的科学素质是指身为一名教练员，应该将体育与人体生理等多方面的科学与技术相结合。

这些对教练员的科学素质发展有一定的要求，然而，由于教练员通常都是由优秀的退役运动员担任，科学素质相对缺乏，复合型训练团队便应就此发挥一定的作用，因此，教练员的科学素质发展要求对复合型训练团队的构成及合作模式造成了一定的影响。

3. 运动训练的发展对团队合作的影响

前文曾提到，复合型训练团队的机构分为三个层次，不同层次之间所发挥的作用截然不同，团队之间的协调合作就显得尤为重要。随着训练团队人数的不断增长，以及对运动员训练产生不同意见等，团队内部难免出现矛盾，进而影响整体团队运行的效率。不仅如此，我国复合型训练团队目前还未形成一种“智囊团”的合作模式，彼此的关系尚不成熟。由此，运动训练的发展也会对整体团队合作造成一定的影响。

（二）复合型训练团队的合作路径

复合型训练团队之所以符合竞技体育的发展，根本原因就在于其改变了传统的训练模式，将科学融入对运动员的训练当中。由此，根据实践的经验，结合大量学者的研究结果，创建了如下科学训练实践模型（图2）。

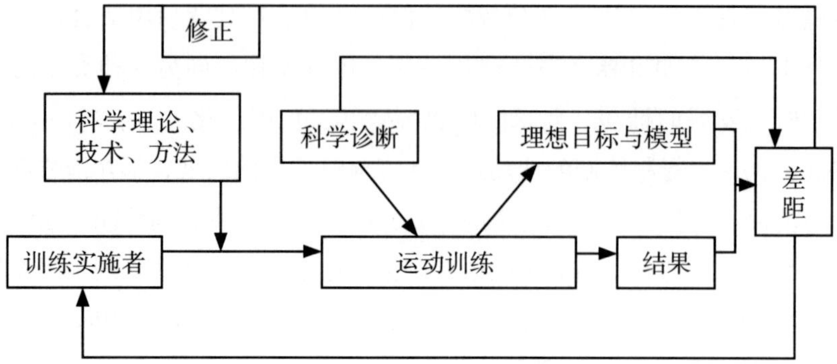

图2　科学训练实践模型

在科学训练实践模型中，以训练的实施者，即复合型训练团队人才群体中的教练群体为主，结合相应的运动训练，以得出训练的结果为主线，在运动训练中运用较强的科学理论、技术、方法对运动员各方面的能力进行诊断并反复纠正，最后根据不同的结果分析运动员训练所获得的不同成绩，从而使运动员真正实现训练科学化。

在我国竞技体育范围内，科学训练经过反复的尝试与检验已初具模型，这一模型所建立的根本目的就在于通过其发展的周期，结合复合型训练团队整体的结构对运动员进行更加有效的训练。从科学训练实践模型中我们可以清晰地看到，科学训练通过四个步骤来实现训练的科学化，因此团队内部合作模式的形成也要从科学训练的角度入手。

就团队内部合作模式而言，对运动员的训练首先要求给予技术上的指导，教练员据此得到反馈，发现其不足，进行修正之后实现再指导。虽然从表面上看来，对运动员的整体训练似乎更多是依靠教练员去发现、反馈，实则不然，复合型训练团队之所以具有综合性质，其实是其具有综合性的特征，对运动员的训练更加强调教练员与团队内部的研究人员及模型之间存在相互合作关系，二者之间实行双向沟通，从而使训练更加有效，同时实现了运动员训练的科学化。

根据复合型训练团队的合作路径模型（图3）可知，首先，教练员与专业能力较强的科研人员对团队内部所管理的运动员的能力共同进行科学的分析，确定其能力的优势及劣势所在，并根据运动员的实际情况，结合科学训练的模型做出期望的目标。其次，在拥有一定的训练目标之后，就要有针对性地对运动员进行训练，发挥其优势，弥补其不足，与所期望的目标进行对比。当实际情况与期望目标存在偏差时，要做出一定的反馈。此时，教练员与科研人员再一次对运动员的表现做出分析。最后，结合几次训练的结果总结训练的规律，对训练进行修正与完善，由此，针对运动员形成其特有的训练方式，来实现复合型训练团队存在的意义。

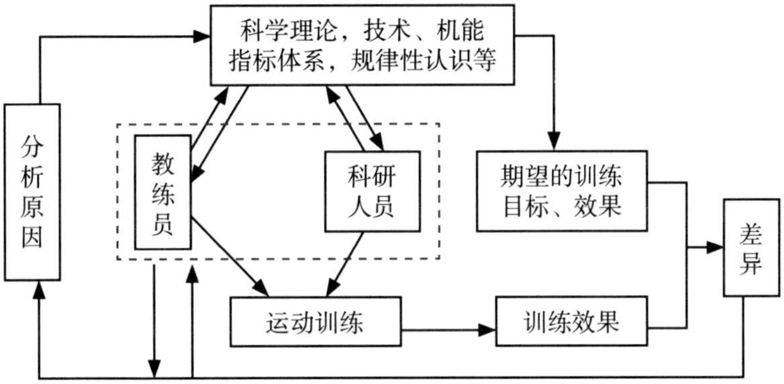

图3　复合型训练团队的合作路径模型

大量的实践结果表明，科学训练实践模型与复合型训练团队之间的作用是相辅相成的，科学训练实践模型为复合型训练团队提供路径参考，复合型训练团队为科学训练实践模型提供数据验证。这种负反馈性质的综合性训练，既有利于针对性地提高运动员自身的能力，又有利于使复合型训练团队成员之间更为默契。

（三）复合型训练团队的合作模式

随着复合型训练团队受重视程度的不断提高以及科学训练的进程不断加快，复合型训练团队的规模一直在不断扩大，人员增多、工作内容不一致等情况往往容易导致部门与部门之间不协调的现象出现。因此，形成一个良好的团队合作模式就显得尤为重要。

一个良好的团队合作模式应至少实现两个目的：第一，研究人员与教练员之间应达到良好的协调沟通，教练员在整个训练过程中起主导作用，研究人员应恪守职责，为教练员起到良好的辅助作用；第二，科研人员起到的作用虽为辅助作用，但不应过度地对教练员的方法及技巧训练做出建议及要求，要保证整个训练的正常进行。

复合型训练团队的合作模式（图4）强调的是其内部结构之间的协调合作，彼此之间应进行充分的互动，经过不断的训练与实践研究出更好的科学训练方法。首先，在复合型训练团队中，科研团队与医务团队共同构成了复合型训练团队的后备力量，他们通过对运动员身体状况及训练情况进行分析得出参考建议，并由负责人与教练员团队进行充分的互动。其次，科研和医疗团队与教练员团队共同构成整个团队的核心力量，共同为运动员的训练服务，从而保障运动员的整体训练科学化、合理化。

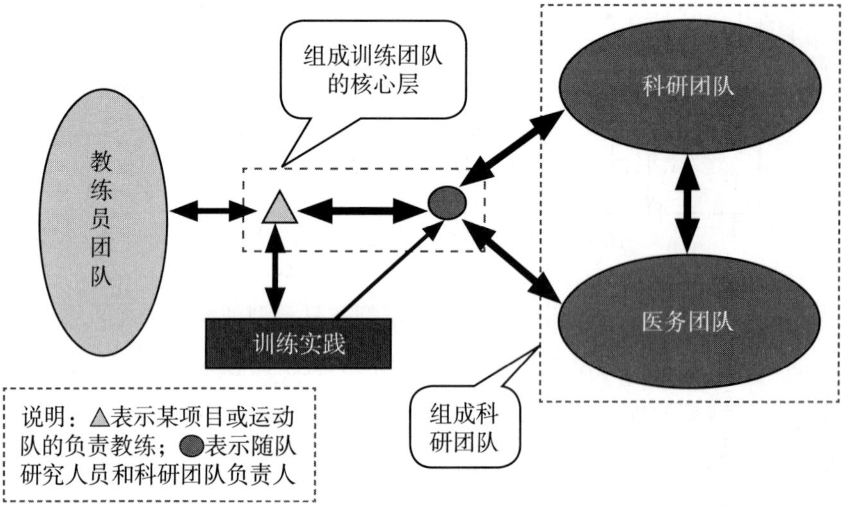

图4　复合型训练团队的合作模式

此外，从模型的角度来看，教练员是最为关键的核心力量，在整个科学训练体系中起到的作用最为明显，因此教练员也应该充分地提升科学素养。可想而知，如果教练员只追求对运动员技术上的提高而不与团队内部其他部门人员充分沟通，就不能很好地发挥其作用。

此外，在复合型训练团队中，起到支持作用的团队是教练员团队。与单纯的教练员不同，教练员团队就如同智囊团，对每一名运动员，甚至是运动员的每一个技术动作技巧都十分熟悉。不仅如此，教练员团队还包含体能教练员以及技术教练员，从运动员体能与技能等各个方面来帮助运动员达到更好的状态。

另一股支撑力量来自复合型训练团队内部的科研团队和医务团队。科研团队从科学的角度对训练方法等各个方面提出可靠意见，为教练员的工作提供帮助。医务团队可以为运动员提供更好的帮助，在必要时，能帮助指导运动员训练，降低运动损伤概率。

四、促进复合型训练团队合作的有效途径

通过前文的分析，我们不难看出，复合型训练团队的产生犹如给我国竞技体育训练注入了强心剂，使运动员的训练更加科学有效，从而为竞技体育的整体发展提供了强大的后备力量。与此同时，不同的影响因素也在潜移默化地给复合型训练团队的执行结果带来影响。由此，在充分了解复合型训练团队的合作路径及模式之后，针对其中存在的潜在隐患，笔者试图找出能有效提升复合型训练团队合作水平的方法，意在使复合型训练团队内部的合作更加有效。

（一）增进教练员与科研人员之间的关系，维持利益平衡

复合型训练团队主要分为三个群体：教练群体、科研群体以及管理群体。三个群体的分工较为明确，即由管理群体对科研群体及教练群体的整体工作进行分配与管理，教练群体在整个团队的工作执行中起主导作用。此时，管理群体为科研群体设置的主要工作内容是为教练群体提供工作上的帮助，而当运动员获得一定比赛成绩时，获得嘉奖的更多是教练群体，科研群体所付出的努力容易被忽略。

这种现象会导致科研人员工作态度的不同，或者是选择只完成本职工作，或者积极地为实现团队的整体目标而努力，在现实中，科研群体往往选择前者。由此导致科研群体在工作中缺乏一定的积极性。可想而知，科研人员只做好对运动员相关指标的检测及反馈等，不会有更多的探讨，也缺乏相应的沟通，虽然这种工作态度对复合型训练团队的工作效果无害，却也并不意味着有益。

针对这种情况，不妨选择增进教练员与科研人员之间的关系，使二者在

工作目标上达成一致，将科研人员的工作态度逐渐向积极的方面转化。想要实现这一设想，就要认识到问题的根源，即科研人员与教练员群体之间利益的不均衡。因此，在促进复合型训练团队合作这一方面，应当增进两种群体工作关系，在团队整体取得优异成绩时，要对科研人员也做出一些薪资或是等级上的嘉奖，从而使整个团队朝着同一方向努力，共同促进团队的整体发展。

（二）制定清晰的阶段性目标，分解团队总目标

如果将整个团队视为一个有机群体，则团队每一阶段的工作都应该被合理地细化，团队的整体工作目标也应该据此而细化。因此，加强复合型训练团队合作的另一有效途径就是制定较为清晰的阶段性目标，教练员不同时期的工作目标带动着研究人员不同时期工作目标的相互转换，这不失为一种有效的办法。根据团队训练在不同时期的不同阶段性目标划分状况，可以从初期、中期及后期三个时期进行分析。

在训练初期，教练员主要的训练目标为使运动员熟悉技巧、动作等，结合部分体能训练，为整个训练打下坚实的基础。针对教练员这一时期的工作目标，科研人员此时的主要工作目标则为对运动员身体各方面机能的实时监测，并将监测结果及时传递给教练员，以帮助教练员随时调整运动员的训练步骤。

在训练中期，运动员无论在体能还是技巧等方面的训练上，都较前期强度有所加大。这不仅是教练员以及运动员所度过的最为艰难的阶段，也是研究人员工作的一大重心。与前期的实时监测不同，在训练中期，研究人员的主要工作目标是实现从原有对运动员的静态检测到动态检测的转换。工作范围也随之扩大，不仅限于对运动员身体机能、素质等方面进行检测，而是在此基础之上，对整个训练过程运动员的适应情况及教练员的训练方法等各个方面进行实时监控。

在训练后期，随着比赛的临近，对运动员的训练强度逐渐减弱，教练员与运动员的主要工作目标就是在保证运动员体能充沛的基础上对运动员技巧的使用等方面进行复习与巩固。此时，研究人员团队的工作压力随之减少，这一阶段的主要工作目标也逐渐转向防止运动员出现伤病这一方面。

（三）保持团队合作的动力，满足“1+1>2”

从整体上来看，无论是哪一种类型的团队，如果能够保证团队时刻拥有合作的动力，就能为了实现团队的目标而共同奋斗。团队合作的动力主要来源于两个方面：一方面是周围环境赋予整个团队的压力；另一方面则是团队组成人员对自身的职业追求。

1. 压力转化为动力

复合型训练团队所面临的环境压力来源于三个方面，分别是竞争压力、问题的复杂性及团队规范的合理性。俗话说：“压力产生动力。”这三方面压力也正是增强复合型训练团队合作的动力。

首先，竞争压力来源于整个团队所负责的运动员的成绩。而运动员成绩的好坏不仅取决于其自身，更多的要依赖其身后团队的支持，因此，要将这种竞争压力转变为团队内部整体合作的动力，在实现利益互通的同时最终达到共赢的目标。

其次，复合型训练团队在整个工作过程中所面临的问题也具有一定的复杂性，问题是否容易解决、问题怎样解决等共同构成了团队环境压力中的问题复杂性维度。转变这种压力为动力的关键就在于团队内部各个群体之间是否能够协调合作，互相取长补短，充分发挥各群体的职能。

最后，团队规范的合理性是整个复合型训练团队所面临的另一层压力，这一维度主要针对的是团队中的管理层。根据团队理论，一个团队是否规范合理，与管理层的工作态度息息相关。面对这种压力，若要将其转变为动力，不妨将团队内部各群体之间的利益相结合，从了解工作人员的行为策略角度出发，相信在满足其个人利益的同时，群体利益也将由此得到满足。

此外，如果说，推进整体复合型训练团队的合作动力依靠的大部分是群体的力量，那么个人的利益追求将成为其组成的一部分。因此，要加强对团队内部人员的培训，使工作人员对未来职业发展进行合理的规划，从而激发工作人员的工作激情，更好地为实现整个团队的目标而努力奋斗。

2. 团队合作应做到“1+1>2”

“1+1>2”看似抽象，实则是对团队合作工作效率的一种整体概括，团队整体的力量只有大于部分力量的总和才能体现出团队存在的意义，这也是团队成员之间能够实现合作的动力来源。无论是团队中的哪一种群体，都要深切地认识到，团队整体所产生的智慧往往要大于个人的力量。从教练员的角度来看，教练员虽是整个团队内部的核心力量，但其并不能代替整个团队。因此，当团队合作真正做到了“1+1>2”时，才能为团队带来长久不竭的动力。

五、结论

通过对复合型训练团队的分析与探讨，我们不难看出，复合型训练团队是一个有机的整体，其内部所包含的三种群体各司其职，为从整体上提高运动员的参赛能力而共同奋斗。然而，随着复合型训练团队规模的不断增大，部分影响因素阻碍了我国复合型训练团队发展的进程，因此，加强复合型训练团队内部各群体之间的合作效果就显得尤为重要。在文章的最后，从三个方面提出促进团队合作的有效途径：首先，加强沟通，增进研究人员与教练员之间的关系，让教练员每一阶段的工作都能够获得研究人员的帮助；其次，在训练的不同阶段，研究人员针对教练员的训练目标对自身的主要工作任务进行转化，进一步强化教练员的训练进程；最后，将团队共同面临的压力转化成一种动力，从团队个人以及团队整体面临的环境压力角度入手，为整个复合型训练团队提供经久不衰的动力。

复合型训练团队的产生与发展不仅象征着我国竞技体育的进步，更意味着世界范围内竞技体育规模化的逐渐形成。我国是体育大国，在复合型训练团队的组建及完善过程中都应主动探索，从而为世界体育的发展贡献力量。

参考文献

[1]田野，王清，冯连世，等. 优秀运动员运动训练科学监控与竞技状态调整[J]. 体育科学，2008，28（9）：3-11.

[2]闫峰，刘瑞元. 团队合作的激励因素[J]. 甘肃联合大学学报（自然科学版），2008，22（4）：39-43.

[3]魏光兴，覃燕红. 基于公平偏好的同事压力及团队合作机制[J]. 山西财

经大学学报，2008（6）：69-74.

[4]郑明，何志林. 对我国职业足球运动员团队特征和团队合作管理方法的分析[J]. 南昌航空大学学报（社会科学版），2008（1）：105-110.

[5]周瑜，张世林. 构建我国CBA球队复合型教练团队的理论研究[J]. 南京体育学院学报（自然科学版），2008（1）：30-33.

[6]李龙. 竞技体育发展进程中的功利性特征探析[J]. 吉林体育学院学报，2008（1）：15-16，22.

[7]于少勇，马晓燕，白光斌. 集体球类项目国家集训队团队快速信任特征及形成[J]. 天津体育学院学报，2008，23（1）：64-67.

[8]徐永生，黄波. 试论现代运动训练知识分工、团队协作[J]. 上饶师范学院学报，2007（6）：117-120.

[9]王云红. 团队合作的理性思考[J]. 科技信息，2007（34）：147.

[10]熊晓正，郑国华. 我国竞技体育发展模式的形成、演变与重构[J]. 体育科学，2007，27（10）：3-17.

[11]苗东升. 系统科学大学讲稿[M]. 北京：中国人民大学出版社，2007.

[12]卢晓江. 自然科学史十二讲[M]. 北京：中国轻工业出版社，2007.

[13]肖余春. 团队行为学[M]. 杭州：浙江大学出版社，2006.

[14]郑也夫.信任论[M].北京：中国广播电视出版社，2006.

[15]陈建国.博弈论与不完全信息[M].北京：经济科学出版社，2006.

学员论文

短道速滑运动员赛前心理调控的分析与对策

哈尔滨市体育运动学校　任广旭

摘要：无论何种竞技体育运动项目，在比赛期间运动员的心理变化都会对运动成绩产生至关重要的影响。心理状态稳定是运动员能够发挥出竞技水平的一个重要因素，同时，它也影响运动员在比赛中的技术动作表现。可以说，心理状态决定着运动员的最终比赛成绩。每个运动员的心理状态都会受到外界环境的影响，每个环节对不同个体的影响也不同，通过种种行为表现，能映射出运动员内心的各种反应变化。在短道速滑比赛中，如果运动员受外界干扰较大，心理状态不稳定，就会影响其最终的竞技成绩，使训练成绩无法展现。应采用何种形式调整运动员在比赛中的心理状态，排除不利于比赛的心理干扰，是本文需要研究和解决的问题，通过分析短道速滑运动员的心理特征达到培养并增强短道速滑运动员竞技心理稳定性的目的。

关键词：短道速滑；心理调控；对策分析

随着现代竞技体育的快速发展和进步，训练方法和手段更加科学化和系统化，教练员及运动员也开始意识到运动员在比赛期间的心理变化对成绩起到的至关重要的作用。因为运动员只有提高了专项心理能力才能真正应对各种大赛中复杂的应激变化，才能最终落实和体现竞技心理的稳定性，从中找出解决问题的办法和对策。[1]那么，如何通过专项心理能力的培养来增强运动员比赛心理稳定性，达到赛前心理状态稳定呢？这就要由教练员从平日的训练入手，增加对运动员心理素质层次的训练，把训练模拟成比赛的环境和气氛，使运动员拥有一颗强大的“心脏”，提高抗压能力，达到以赛代练的目的，真正地掌握和熟悉比赛过程中的动态变化。为了达成这一目标，就需要教练员对运动员进行科学、严谨、细致的分析，根据个体差异因人施教，让运动员的心理素质达到一定水平，不受外界的影响。

一、短道速滑运动员赛前心理状态的影响因素

（一）日常训练对运动员心理状态的影响

在日常的训练中，对于教练员讲授的技术动作要领，领悟力强的运动员能在短时间内迅速掌握，在团队内能迅速占据领先位置，其较高的运动天赋和较好的理解能力让其在训练中建立了强大的内心环境，这样的情况很有可能会产生运动员不重视后继训练的后果。在比较自负的心理状态下，运动员不会再次用心聆听教练员对技术动作的纠正与讲解，久而久之，会对其发展产生不利的影响。[2]在正式比赛中，运动员遇到能力水平在自己之上的对手，滑行距离被拉开时会产生巨大的心理冲击，导致比赛失利。

（二）客观环境对运动员心理状态的影响

短道速滑运动员在每场比赛中所处的竞赛环境都是不一样的，冰面质量、赛场温度都是不确定因素，同时，赛前练习、现场观众、赛场途中的各种突发情况，都会严重影响短道速滑运动员心理状态的稳定。

（三）团队凝聚力对运动员心理状态的影响

短道速滑项目已经逐渐发展成集体项目，尤其在各单项比赛的配合中，同组运动员间的配合默契程度直接影响晋级成绩，团队的配合在接力项目中更是体现得淋漓尽致。在比赛中，运动员必须要做到你中有我、我中有你，只有将每个人的个人能力汇聚成集体能力才会将训练水平发挥到极致，所有人统一思想、统一目标才会滑出好成绩。[3]但是在短道速滑比赛中，有时候会因为队内某个运动员的失误或某个技术动作失误，导致比赛出现偏差，影响整体气氛，

最终与奖牌失之交臂。

二、短道速滑运动员在比赛中的个人心理因素

部分运动员在训练中的成绩和心理表现与比赛时的表现差距很大，很多平日训练中成绩较好的运动员在比赛中经常无法发挥出训练时的水平，造成这种现象的原因与短道速滑运动员个人心理因素息息相关。

每名运动员都是一个训练集体中的个体，其心理状态在不同时期会产生巨大变化，这些变化会对训练和比赛产生巨大的影响。[4]在比赛过程中，遇到与自己实力相近的对手，参赛选手会出现精神高度紧张的情况，影响心理状态的稳定。在滑行过程中一旦胶着在一起难分胜负，运动员心态的起伏会更加显著，心理强大的运动员获胜概率会更大。一些心理素质好的运动员在技术水平达到一定能力之后会将心理压力转化为动力，而绝大多数运动员进行长时间的无氧运动后会导致心脑产生巨大差距，同时影响技术动作的发挥。而当同组中出现实力相对较弱的对手时，运动员又往往会出现轻敌之举，在比赛过程中表现出松散的心态，而这种心态通常会带给自己意外失误，如在弯道时滑出赛道。

（一）客观因素的环境适应问题

短道速滑运动员平日训练的场地相对固定，而在每赛季参加比赛时要面对不同的赛场环境，一旦进入一个崭新的环境，运动员首先是对陌生的环境产生好奇和新鲜感，在心理暗示的作用下会对周围环境产生排斥[5]，会不由自主地将平日的训练场地与比赛场地进行对比，场地灯光明暗度、环境温度、冰面硬度等，无形中会对运动员的内心造成压力，所以运动员需要一段时间来适应客观环境。适应能力强的运动员会迅速调整状态，找到比赛的感觉；适应能力弱的运动员会因为客观环境的问题产生各种不安的情绪，加之赛前的紧张与焦虑，会严重干扰运动员在比赛中的注意力，导致比赛成绩与训练成绩相差甚远。

（二）对于比赛的目的性

运动员在赛前会对自己内心有强大的暗示，将比赛当成是平日训练的检验，抑或是体现个人能力的赛场，带着不同参赛目的的运动员在比赛中的表现

会大相径庭，如当个人英雄主义占据上风时，往往会忽视与队友之间的配合，忽视教练员安排的作战计划，不顾及大局，从而失去比赛的主动性。

（三）运动员自信心的建立

运动员的自信心，是在平日训练中日积月累而来的，每一次技术动作的定型、每一次单圈成绩的提高、每一场比赛战胜对手的次数，都是运动员自信心建立的过程，只有在平日的一次次训练中建立自信心，才会在各种比赛中立于不败之地。[6]

有些运动员在比赛过程中，不敢大胆地进行弯道超越，起跑阶段出现摔倒、违例的情况，令同组对手瞬间抓住可乘之机。在同组队友失误或摔倒后，自己内心压力迅速加大，变得更加不敢使用技术动作，尤其是在短距离比赛中，需要大脑迅速反应寻找空当超越时，紧张的气氛会让运动员完全处于无氧状态，从而严重影响技术发挥，不能完成比赛任务。

三、比赛期间心理状态调整方法及对策

运动员成绩的提高离不开平日训练的点滴积累，离不开客观环境因素的影响，每堂训练课都潜移默化地让运动员树立自信心，环境影响运动员的同时，也为其自信心的建立提供了一个良好的平台。[7]采用正确的训练方法和手段，能帮助运动员建立起良好的自信心。

（一）消除个人英雄主义色彩

在中西方文化中，个人英雄主义与集体主义是完美的对立面，欧美运动员的训练方式往往是个人英雄主义的体现，而我国各项体育竞技比赛中，均要求团队协作，本着集体荣誉至上的原则，这是历史文化背景不同造成的差异。短道速滑项目应该体现集体意识和荣辱与共的精神，只有让运动员在训练中融入团队，才会将自己的长处发挥出来，与队友间相互取长补短，才能真正在团队中体现出自己的价值，完成赛前制定的任务目标。

（二）团队建设的重要性

青少年运动员适逢青春期，在这个阶段，往往会因为生理发育、家庭环境影响等，形成自己的个性，每个独立的个体都会对团队产生影响，只有每个人相互理解、彼此接纳、互相肯定，才能建立起一个能打胜仗的团队。从一场短道速滑比赛的角度出发，从起跑到滑行、超越，每个环节都需要全体运动员配合得天衣无缝，在这种情况下，要求运动员之间必须相互信任。[8]每名运动员都希望自己取得好成绩，但因短道速滑比赛速度快、非预见性因素过多，往往得非所愿，一旦发生失误，必须让运动员彼此鼓励，相互给予最大的抚慰，只有这样，才能通过日积月累锻造出一支团结向上的队伍。[9]

无论是在赛场上，还是在平时的生活中，教练员在队中都要起到“润滑剂”的作用，利用各种方法化解运动员之间的矛盾，采用合适的方法进行团队建设，潜移默化地建立团队目标，明确团队任务，以目标引领作为团队建设的根本，通过团队建设体现教练员和运动员自身应有的价值。

（三）运动员的赛前心理调节

赛前心理调节是竞技体育比赛的重要组成部分，应在赛前通过各种手段来调控运动员的心理变化。

1. 自我暗示法

教练员可以帮助运动员按摩放松各部位紧张的肌肉，让运动员调整呼吸，简单地示范后让运动员自行进行放松，对其进行心理暗示。同时，阻断干预运动员的思维，用语言帮助其分散部分紧张焦虑的情绪，尽可能减少外界对其的影响。

2. 音乐放松法

我们在观看各种比赛时会发现，很多高水平运动员在赛前都戴着耳机，隔绝外界的声音，这也是一种很好的调整方法。运动员做赛前准备活动时，可挑选一些自己喜欢的音乐，让自己处于一种放空的状态，让身心得到放松，同时高效地完成准备活动，为比赛做准备。

3. 来自教练员的激励

教练员在赛前一定要根据个体差异对运动员进行不同的激励，简单的言语，或者“粗暴”的击掌方式，会对运动员产生不同的激励效果，通过不同的方式，让运动员对比赛的消极情绪或者恐惧心理消失殆尽。

4. 日常训练的重要性

所有比赛都离不开平日训练的每个环节，只有将基础打牢，做好每堂训练课的每个环节，完成动作技术难度、精准度，才能在比赛中建立起良好的自信心。在训练的过程中，一定要模拟和虚拟化比赛的环境和氛围，尽可能地多参加比赛，以赛代练。[10]教练员在赛前准备会时要帮助运动员分析将要面对的环境和对手，做到知己知彼，百战不殆。同时，运动员也要积极配合教练员的教学过程，形成自己的比赛和训练心理调节模式，减少各种主、客观因素的影响。

四、总结

每名运动员都有自己的主观能动性，在现代竞技体育高速发展的今天，采用科学的心理调控方法来引导运动员建立强大的内心，应付各种强敌，是日常训练中必不可少的环节。以规范的技术动作为基础，完善心理环节的训练，能让运动员立于不败之地，也能让教练员的训练成果得以体现，完成训练和比赛任务。

参考文献

[1]马启伟，张力为.体育运动心理学[M]. 杭州：浙江教育出版社，1998：197-198.

[2]夏霜. 短道速滑运动员战术意识及培养方法[J]. 冰雪运动，2007（2）：26-28.

[3]谢旭东. 短道速滑运动员团队凝聚力的培养[J]. 冰雪运动，2007（1）：25-26.

[4]陆桂芝.论短道速滑运动员最佳竞技状态的心理特征及培养[J].冰雪运动，2003（4）：35-37.

[5]季浏. 体育心理学[M]. 北京：高等教育出版社，2000：164-166.

[6]李勇.提高短道速滑运动员自我效能的心理训练[J].冰雪运动，2005（2）：8-10.

[7]符谦，周成林，周游. 短道速滑运动员心理控制指标构建与评定[J]. 西安体育学院学报，2007（2）：126-130.

[8]南海艳. 体育团队自信心的影响因素及其调控方法[J].山东体育科技，2004（3）：49-50.

[9]王海景. 竞技运动中降低运动员焦虑的表象认知——行为干预的运用[J]. 首都体育学院学报，2007（1）：97-99.

[10]王韵博，王玲. 对短道速度滑冰项目技术创新的思考[J].冰雪运动，2006（5）：5-7.

浅谈冬季两项有氧训练

辽宁省冬季运动项目管理中心　宋朝卿

摘要： 冬季两项是竞争十分激烈的项目，对运动员的体能、力量及技巧等各个方面均提出了较高的要求，利用科学的有氧训练，能够帮助运动员实现心率的有效调整，提高最大摄氧量，并实现在无氧阈水平上的有效提升。基于此，本文从分析冬季两项运动的特殊性及有氧运动的角度出发，结合实践内容，利用指标分析，对冬季两项运动员的有氧训练情况进行研究，并总结经验，提出优化和促进冬季两项有氧训练的方法。

关键词： 冬季两项；有氧训练；耐力变化；生理生化指标

冬季两项是由自由式越野滑雪与射击组合而成的项目，是冬季比赛项目中最为特殊的一个，其将两种不同性质的项目结合在一起，一动一静，要求运动员能够从激烈的竞技滑雪追逐中瞬间进入射击项目的静止状态，又能够从静止状态迅速转入激烈的运动中，这对运动员的体能、心理、头脑和技术都有较高的要求。冬季两项在我国发展起步较晚，参与人数并不多，发展范围相对狭窄，但近年来也有运动员取得过十分优异的成绩。赛场上良好的表现，来自在场下辛勤刻苦的系统性训练。在基础训练方面，耐力是冬季两项运动员及越野滑雪运动员选材的基础，并且需要非常强大的心肺功能，以及良好的身体协调性和灵活性。因冬季两项是中长距离的耐力性项目，对身体的供能要求很高，因此需要格外注重提升和优化有氧训练的内容。

一、冬季两项运动的特殊性

冬季两项是经典的雪上运动项目之一，是由自由式越野滑雪与射击共同组成的项目。在比赛过程中，运动员需要身背小口径步枪，在完成阶段山地越野滑雪后，迅速进入靶场进行射击，两个项目交替进行，最终完成比赛。冬季两项分为男子项目、女子项目、团体接力及男女混合项目，且随着公里数的不同，射击的次数也不一样。射击的姿势包括卧射和立射，每次射击5个目标，需要在全部子弹射出后，击中所有目标，如运动员未能击中全部目标，需要根据比赛的项目进行处罚，处罚分为两种不同的方式，但都需要根据残存目标数量进行：①时间加罚，即每脱靶一发子弹加罚一分钟；②滑行加罚，即每脱靶一发子弹加罚一圈（150米），最后用时最短的运动员获胜。[1]

因此，在冬季两项运动中，需要运动员拥有良好的运动状态转换能力，能够快速进入滑行状态，同时又能够在快速滑行中进入静态的射击状态，保证滑行速度的同时还要保证减少射击上的失误，避免加罚情况的产生影响比赛结果。作为一项激烈的比赛项目，需要运动员在体力超负荷的情况下，依然能够完成准确的射击，这也是冬季两项运动的制胜关键。[2]所以，提高运动员的基础体能，能够减少运动员因体力问题而对射击环节产生的影响，同时也能够缩短滑行与射击之间的调整转换时间，进而促使运动员的水平得以充分发挥，提高运动成绩。

二、冬季两项运动员有氧训练内容

（一）冬季两项运动员有氧训练的生理学基础

有氧训练也被称为“心肺功能训练”，是在一定的运动量基础上，使心率维持在规定的范围内的训练模式。冬季两项运动员的训练多从改善运动技能、优化专项身体机能角度入手，尤其在心肺功能的训练上，一般从男性10岁、女性12岁就开始涉及。[3]心脏和肺部功能的有效提高，能够促使运动员的心脏容积得以增大，使得运动员的心脏的每次搏动，都能够为处于运动状态的肌肉供给充足的血液能量。[4]在持续的有氧运动训练中，能够实现最大有氧代谢能力水平的提高，满足运动员肌肉力量的增长需求，从而为冬季两项运动提供基本的生理基础。

（二）冬季两项运动员有氧训练计划安排

当前，我国冬季两项运动员的有氧训练始终是基础训练的重要组成部分，贯穿运动员的日常训练，我国冬季两项运动员的训练周期较长，且训练任务巨大，在有氧训练上应当秉承循序渐进的原则，注重结合冬季两项运动员自身实际的有氧耐力水平，考虑其身体机能的个性化，并注重结合运动员的生长发育阶段，从而在机体内血红蛋白、肌红蛋白、呼吸机能上进行协调发展。在有氧训练计划安排中，应当将训练强度控制在60%~80%，心率在145~170次/分为最佳，从而保证运动员心脏能够规律性地收缩、舒张，维持心脏的健康，使得心脏跳动更加有力，血液泵出量有效增多，实现运动机能的科学提高。[5]

另外，冬季两项运动员在有氧训练中，应当注重避免过量的强度负荷，在以有氧训练为主的训练计划中，也应当配合无氧训练来调解心脏承受能力，避免心肌增厚，导致冬季两项运动员的动力供给不足。对于专项水平较高的运动员，随着其最大摄氧量的提升，可以适当增加负荷量；而在变速训练中，则以低、中、中上的速度变化来进行。[6]

（三）冬季两项运动员耐力素质的全面发展

单一进行有氧训练并不能实现冬季两项运动员整体素质的提高，也使得运动员在基础耐力上的提升空间大大缩小，因此，需要在冬季两项运动员的有氧训练范畴上进行拓展，确定以全面培育冬季两项运动员的耐力素质为基本目标，利用多项手段和策略提高冬季两项运动员的耐力素质。要注重制订专项训练计划，并保证训练方法得当，以此来促进冬季两项运动员在耐力素质方面的提升。

三、冬季两项运动员有氧训练指标分析

通过查阅大量资料，选择长春市某训练基地的2015—2016年冬季两项运动员的训练数据跟踪记录为主要研究对象，对其在开展有氧耐力训练中身体生理

生化指标变化情况进行统计和分析。

（一）冬季两项运动员有氧耐力变化分析

有氧代谢能力是判断和评价冬季两项运动员有氧耐力实际情况的有效指标，这主要是因为有氧阈和无氧阈的水平能够反映出运动员的最大摄氧量，是心率训练转折点的重要体现。[7]

1. 有氧阈心率变化

人体有氧代谢的重要指标——有氧阈，其强度的变化能够通过对人体2毫摩/升乳酸所对应的强度予以反映。[7]通过对长春市某训练基地的冬季两项运动员的训练数据跟踪记录进行总结，反映出当前冬季两项运动员的起始有氧阈指标并不高，水平相对较低，这使得在初始阶段就进行大量的有氧能力训练，能够有效地改善冬季两项运动员的每搏输出量及慢肌纤维中的线粒体数量，并能够提高毛细血管数量，同时也能够作用于冬季两项运动员细胞中氧化酶活性的提升。[8]而随着有氧训练的持续进行，运动员的心率开始发生了变化，某运动员的心率在此阶段内出现了急剧升高的情况，达到了184次/分，即便在后续这一指标数据有明显的回落，但这也能充分说明运动员在有氧运动后半段的疲劳情况十分明显。心率波动情况反映出冬季两项运动员的训练负荷节奏不够理想，需要重点予以改善。[9]

2. 无氧阈心率变化

有氧代谢与无氧代谢的分界点决定了冬季两项运动员的有氧耐力水平，而无氧阈能够充分反映运动员的实际有氧代谢水平。无氧阈心率水平的有效提高，能够进一步促进冬季两项运动员有氧代谢能力水平的提升，这主要是因为冬季两项运动员在最大摄氧量饱和的基础上，能够利用无氧阈的发展，实现在有氧耐力素质上的提升。另外，无氧阈水平的提升可以实现运动员身体内乳酸堆积速度的持续放缓，能够在比赛期间降低其他负荷，进而提高成绩。通过对长春市某训练基地的冬季两项运动员的训练数据跟踪记录进行总结，发现冬季两项运动员在训练的初期阶段无氧阈水平较低，基本为145~150次/分，而经过持续的有氧耐力训练之后，冬季两项运动员的无氧阈水平有了明显的变化，无氧阈水平持续走高，但是在接下来的一段时间内，其水平增长得不明显，说明冬季两项运动员在训练过程中出现了明显的疲劳情况，而教练员调整训练计划后，明确了以恢复最佳无氧阈水平为目的，使得在训练的最后阶段冬季两项运动员的无氧阈水平持续走高，最终在训练结束后达到了185~195次/分这一水平范围，绝佳的无氧阈水平也为运动员在比赛中的良好表现打下了良好的基础。

（二）冬季两项运动员备战期生理生化指标分析

晨脉及血尿素指标是当前判断与评价运动员身体机能的重要指标，利用生理生化指标来对冬季两项运动员在备战期的有氧耐力训练结果及成效进行辅助分析，有助于更加全面地了解运动员的有氧耐力变化情况。

1. 晨脉变化

晨脉的变化情况能够直接反映出当前运动员的训练情况。当运动员进行高强度的训练时，次日晨脉必然会明显提高。在通过对长春市某训练基地冬季两项运动员的训练数据跟踪记录进行总结与分析后，发现当前冬季两项运动员的晨脉变化情况较为统一，都是起始时间晨脉水平较低，而在经过一段时间的有氧训练之后，晨脉水平明显提高。在调查中还发现，大多数冬季两项运动员的晨脉变化情况较为平缓，较少出现晨脉波动明显的情况，这反映出当前冬季两项运动员的心肺功能较强。有些运动员则是因为伤病等原因进行过短暂的休假，使得晨脉的变化情况较为明显。但总体来看，冬季两项运动员的晨脉变化呈现出稳中有降的情况。

2. 血尿素指标变化

训练会对人体的血尿素水平产生一定的影响，但是血尿素指标的变化情况并不明显，只有当训练强度持续且足够的情况下，血尿素的指标才会产生明显的变化，这也是当前在训练指标分析中常用血尿素的重要原因，其能够深刻地反映出阶段内运动员持续接受训练强度的实际情况。在对长春市某训练基地冬季两项运动员的训练数据跟踪记录进行总结与分析后，发现在有氧耐力训练的开始阶段，冬季两项运动员的血尿素处于正常的范围，而随着有氧耐力训练的持续推进，冬季两项运动员的血尿素情况也发生了变化，最终测试水平为8~11

毫摩/升，这也说明整个有氧耐力训练的强度情况较为理想，运动员在训练中始终接受了高强度的运动负荷。

（三）结果分析

无论是有氧耐力指标还是生理生化指标，都是利用数据来对运动员的训练成果进行反馈的，要想实现冬季两项运动员在能力上的提高，则必须要采用科学的训练方法，且在当前冬季两项运动的发展中，技巧和体能成为制胜的关键，有氧耐力能力则是基础性内容，在确定以全面培育冬季两项运动员有氧耐力素质目标的基础上，在后续的相关训练中，应当注重方法的科学性和训练计划的完善。

首先，在训练方法上，应当以强化冬季两项运动员的速度耐力、提高有氧代谢水平为主，可以采用持续训练法、间歇训练法相结合的方式。在持续训练法中，或增加运动员的负荷时间，或进行速度上的变化，但是要注重在速度变化节奏上的把握。间歇训练法则可以以训练的次数、组次来细化和重复训练内容，也可以选择连续间歇的方式，以充分锻炼冬季两项运动员的有氧耐力能力。

其次，射击有效度对运动员的成绩起到了关键性的作用，在稳定运动员状态的训练上，也应当在日常有氧训练中予以体现，如练习负荷调整后的状态，在有氧训练之后，快速进入静止状态，并强化呼吸节奏、动作稳定性、运枪技术等。

最后，需要强化负荷训练。可以从专项训练角度出发，逐渐提高运动员的能力，充分考虑比赛环境、天气及心理等因素对运动员身体机能的影响情况，在备战期的练习中，也要尽量模拟赛场环境，强化对专项能力的关注，以提高冬季两项运动员的适应能力。另外，还要避免冬季两项运动员出现疲劳情况，注重引入医疗及科研环节，强化对冬季两项运动员营养的摄取以及身体机能的恢复，以此来维持和促进运动员最佳的身体机能状态，提高冬季两项有氧训练效果，提升我国冬季两项运动比赛成绩。

四、结论

综上所述，有氧训练对于冬季两项运动员来说十分重要，有氧耐力水平的提高能够帮助冬季两项运动员保持良好的运动状态，实现心率变化范围的优化，提高最大摄氧量，并发展无氧阈水平，以满足冬季两项运动员在比赛中对身体素质的要求。在后续的训练过程中，应当注重在有氧耐力训练方法上的多元化发展，注重专项训练的有效结合，并强化负荷训练，实现运动员良好的身体机能状态，从而助力运动员在比赛中充分发挥个人水平。

参考文献

[1]王辉，李先雄，周建社. 我国冬季两项竞赛现状与制约因素分析——以中华人民共和国第十三届冬季运动会为例[J]. 湖南工程学院学报（社会科学版），2017，27（2）：116-122.

[2]陈辉，张连涛. 冬季两项女子短距离比赛制胜规律的研究[J]. 冰雪运动，2014，36（1）：39-44.

[3]孙德胜，曲迎春. 冬季两项训练的初探[J]. 当代体育科技，2013，30（3）：20-21.

[4]杨阿丽，张涛，安林波，等. 冬季两项运动员心理疲劳、应对技能与运动状态自信心的关系及个案分析[J]. 冰雪运动，2013（5）：47-52.

[5]张绍礼，姜少英. 我国冬季两项女子运动员体能监测体系的构建研究[J]. 沈阳体育学院学报，2013，32（3）：96-100.

[6]刘仁辉，吴颖. 对冬季两项、越野滑雪项目训练特点的分析[C]//中国体育科学学会.第九届全国体育科学大会论文摘要汇编（3），2011：2.

[7]仇刚. 我国冬季两项运动专项耐力训练的误区及对策研究[J]. 长春工程学院学报（社会科学版），2011，12（3）：128-130.

[8]刘仁辉，张日辉，孙昕祥. 对速度滑冰、短道速滑、冬季两项、越野滑雪四个项目训练特点的分析[C]//中国体育科学学会，青海省体育局.第二届中国多巴高原训练与健康国际研讨会论文摘要集，2011：1.

[9]毛建勋. 冬季两项运动高原训练研究[C]//中国体育科学学会， 青海省体育局.第二届中国多巴高原训练与健康国际研讨会论文摘要集，2011：1.

浅析短距离速度滑冰运动员体能训练的相关影响因素

吉林省体育局冰上运动管理中心　王楠

摘要：速度滑冰这一竞技项目在国际比赛中的地位日益提高，同时，这一竞技项目已经成为我国竞技比赛优势项目之一，尤其是短距离速度滑冰（以下简称短距离速滑）成绩傲人。

然而近年来，我国短距离速滑项目的成绩却出现了下降的趋势，甚至在索契冬奥会上男子短距离速滑项目颗粒无收。虽然一次的失败并不意味着我国短距离速滑项目的发展停滞不前，但是面对韩国、意大利等强大的竞争对手，我国短距离速滑运动员需要加强各方面的训练，以期在未来打一场漂亮的“翻身仗”。在自身体能方面，我国部分速滑运动员显得尤为吃力，因此，研究短距离速滑运动员体能训练的影响因素就显得十分必要。

首先，本文对短距离速滑运动员体能训练的意义进行了明确的阐述，意在以此作为铺垫，突出全面探讨短距离速滑运动员体能训练的重要性；其次，本文结合贝塔郎菲所创立的系统论，仔细分析了体能系统中各个要素之间的关系，作为下文分析短距离速滑运动员体能训练影响因素的切入点；最后，本文从体能内部结构、体能外部结构以及体能外部影响因素的角度对影响我国短距离速滑运动员体能训练的相关影响因素进行全面的分析。

关键词：短距离速度滑冰；体能训练；体能系统

速度滑冰一直是我国的优势项目之一，在众多体育竞技项目中，无论是技术还是训练，在我国的运动项目中都处于领先水平。然而近年来，我国短距离速滑的成绩却并不尽如人意，与世界其他国家相比，呈现一定的弱势。究其根源，与我国短距离速滑运动员体能差存在一定的关联。

从某种程度上来说，短距离速滑运动员的体能与自身的先天条件存在很大的关系。但是从近年来短距离速滑项目比赛成绩优于我国的韩国来看，同属亚洲国家的运动员先天身体素质并不存在太大差异。因此，如果对运动员的体能进行系统的训练，将很有可能极大地开发运动员的潜能，从而提高短距离速滑项目的整体成绩。

如果说，提高速滑运动员体能是提升我国短距离速滑总体成绩的一大突破口，那么分析能够影响短距离速滑运动员体能训练的相关影响因素就成为其先决条件。因此，本文结合体育研究领域中所涉及的体能系统观，结合影响人体体能系统各要素之间的关系，从短距离速滑运动员体能的内部结构、外部结构以及外部的相关影响因素出发，全方位地研究影响我国短距离速滑运动员体能训练的因素。

一、短距离速滑运动员体能训练的意义

（一）体能在现代竞技体育中的作用日益凸显

无论是哪一种运动，决定成绩的一大因素都是运动员的体能。我国运动员可能存在基础体能较弱的现象，那么，想要在比赛中脱颖而出，就要依靠更多的后天训练。然而，技术的训练及战术的训练并不能完全对运动员的成绩起到决定性作用，体能训练在提高运动员的综合竞技能力方面也逐渐占据较为主要的地位。

不仅如此，随着专业竞技技术的普及化，单纯依靠熟练的技术或完备的战术已经不足以保证短距离速滑运动员继续在比赛中获得傲人的成绩。正如中国体育发展战略研究会副会长田麦久所说：运动员是否能够在比赛中取得良好的名次最根本的决定因素在于体能，如果将短距离速滑动作技术的培养作为运动员训练的

目标，那么短距离速滑运动员体能的训练将成为实现这一目标的基石。

由此可见，体能在现代竞技体育中的作用已经日益凸显，在面对各国强大的对手时，我们只有在保证运动员技巧熟练的同时，大力提高运动员的体能训练，才能使我国短距离速滑得到进一步的发展。

（二）体能差距逐渐成为制约我国短距离速滑发展的瓶颈

我们不得不承认，与大部分优秀的欧美国家短距离速滑运动员的体质相比，我国短距离速滑运动员存在一定的差距。这种体能差距逐渐成为阻碍我国速度滑冰取得优异成绩的绊脚石之一。虽然运动员自身体质是一方面的原因，但是，我国速滑运动员在体能上与近年来成绩斐然的同为亚洲运动员的韩国运动员相比，也存在一定的差距。究其根源，后天的体能训练也对运动员的成绩产生了一定的影响。

此外，无论在理念方面还是体能训练方法方面，我国运动员与韩国、日本等国家的运动员相比也都较为落后，对于训练方法等较为深层次的研究仍不够。因此，加大对短距离速滑运动员体能训练的力度，加强对运动员体能训练理念的培养迫在眉睫。

二、短距离速滑运动员体能训练的理论基础

战略的实施离不开理论基础的引导，想要更加深入地分析影响短距离速滑运动员体能训练的影响因素，首先就要从理论基础说起，在体能训练这一方面，美籍奥地利生物学家——贝塔郎菲所创立的系统论值得参考。

简单来说，贝塔郎菲认为：一个系统要结合自身与环境之间的相互关系来进行定义。这也就意味着，在短距离速滑运动员体能训练方面，运动员自身就属于一个有机的整体，整体的综合性训练不仅要针对运动员自身，还要协调运动员与周围各方面环境之间的关系，从而从整体上提高运动员的体能。

（一）体能系统观

将贝塔郎菲的系统论与短距离速滑运动员的体能训练结合起来，我们可以形成一种“体能系统观”。也就是说，如果将运动员自身的体能看作系统内部

的主体，同时，将与运动员相关的一些周围因素结合起来形成一个更加完整的系统，将会十分有利于运动员体能训练的系统化。

由此，当我们研究短距离速滑运动员体能训练的影响因素时，可以将体能系统观作为分析影响因素的一大切入点，从主体以及相关外部影响因素的角度共同去探讨。

（二）体能系统各要素之间的关系

从系统论的角度来探讨，除运动员自身的因素之外，所谓的环境因素，不仅包括外部的实物因素，也包含体制、理念等各个方面。就短距离速滑而言，运动员的整个训练系统包含运动员自身的身体素质及心理素质等内部因素，还有诸如竞赛体制、训练设备、教练员的训练理念等外部因素。

首先，从系统的内部结构来看，短距离速滑运动员自身内部结构可以归纳为形态、素质及机能三个要素。运动员自身的身体素质以及自身的体能占据着这个系统的核心位置，运动员的体能之所以存在差别，有一部分原因就在于每一名运动员的核心素质存在差别。由于先天原因，运动员的内部结构虽然会对比赛的成绩造成一定的影响，但并不意味着将成为决定性因素。

其次，运动员的心理、技术、战术运用以及自身的智力共同组成了系统的外部结构。系统的外部结构并未完全脱离运动员自身，但战术、技术及心理等因素与内部结构存在差别，是可以通过后天来改变的。

最后，相关外部因素与运动员自身具有一定的不相关性，但是却又对体能训练的结果产生一定的影响，如教练员的训练理念、竞赛的体制、竞赛次数等。这些因素虽与运动员本身不具有完全相关性，但都间接影响运动员体能训练的结果，从而对短距离速滑成绩造成一定的影响。

综上所述，对于短距离速滑运动员而言，内部结构、外部结构以及外部影响因素综合起来对其成绩造成影响。如果说，先天的因素是我们难以改变的，那么，运动员训练这一系统的外部结构及外部影响因素将因为能大幅度提升运动员体能而成为训练的方向。

三、短距离速滑运动员体能训练的影响因素分析

通过前文的分析，想要提高短距离速滑运动员的成绩，不仅在技术层面上要做到熟练，与国际接轨，还要在体能训练上加大力度，由此，更为全面地分析短距离速滑运动员体能训练的影响因素就成为突破口。下文将从体能系统观中的体能训练各方面要素之间的关系入手，从体能内部结构、体能外部结构以及外部影响因素等角度全面地对影响我国短距离速滑运动员体能训练的因素进行分析与总结。

（一）体能内部结构

通过对业内研究领域已有的研究结果进行分析，我们可以发现，不同的先天遗传素质已经成为影响运动员自身体能的要素之一。也就是说，运动员自身的遗传素质与其所参与的运动项目要求呈现一定的相关性。

而对于短距离速滑运动员来说，更多要求的是短时间内的爆发力，在生物学领域内，这一方面的先天遗传因素更多的是要依靠体内的肌纤维来决定。相对而言，对某些要求时间较长、需要运动员具有一定耐力的竞技项目而言，需要运动员体内的慢肌纤维百分比含量较高；而对如短距离速滑这类竞技项目来说，更多要求体内的快肌纤维含量较高。

然而，相关领域的研究结果显示，人体内肌纤维的含量变化通过后天的努力只能对体内肌纤维的体积以及肌纤维酶的活性产生影响，使其发生改变，这类改变并未起到实质性的作用。在早期运动员培养的过程中可能并未注意到这一方面的问题，因此，导致了短距离速滑运动员体能训练结果的差距，也就对运动员体能训练造成了一定的影响。

（二）体能外部结构

从体能系统观的角度来看，体能的外部结构主要分为四个方面：智能、心理、技术、战术。相关研究显示，不同的运动员虽然智力上存在差别，但并未给体能训练带来更多的影响。相对来说，外部结构对短距离速滑运动员体能训练的结果造成更多影响的因素在于心理、技术等方面。

首先，在心理因素方面，由于自身能力或是比赛结果的不理想等，部分短距离速滑运动员在进行体能训练时，更多地认为亚洲人即使经过再多的体能训练也无法超越欧美国家的运动员，这一自卑心理十分容易对体能训练造成影响。

其次，在技术方面，由于体能训练的理念及教练员训练的方法不同，长此以往，有些运动员对体能训练的态度不够端正，认为技术的训练要比体能的训练更为重要，将大部分时间投入技术训练方面，而忽略对体能的训练。由此，影响了体能训练的结果。

（三）外部影响因素

可以说，运动员体能训练的外部因素在整个训练系统中是影响最为深远的一部分，主要可以从以下六个角度来谈。

1. 竞赛次数

近年来，随着现代竞技的不断发展，比赛的次数也在不断增加，由此也就逐渐出现了“以赛代练”的现象。有关部门对34位教练员进行了问卷调查，其中，大部分教练员都倾向于让运动员在参加重大比赛之前至少参加5~10次比赛，进行“赛前锻炼”。而这种“以赛代练”的想法从某种程度上来说，的确对提高运动员自身的综合素质有着很大的帮助，让运动员拥有更多的经验，随着参加比赛次数的增多，心理压力会有所减少。

然而，反观其效果却不然。参加比赛需要做多方面的准备，势必会对运动员自身的训练进程造成一定的影响，并且随着比赛次数的不断增多，运动员的精力有限，在参加重大比赛之前，无法确定能否将自身的状态调整到最好。因此，我们不能完全准确地判断“以赛代练”方法是否正确，但可以肯定的是，它对运动员的身体和心理都会造成一定的影响。

2. 器材设备

众所周知，无论是运动员参加比赛还是日常训练所使用的器材设备，对提高运动员的整体成绩都起到了一定的作用。在2006年都灵冬奥会上，荷兰选手使用了新型材料——碳素，使冰刀更为轻便。不仅是冰刀，运动员的着装同样也对训练造成了影响，更为轻便、贴身的服装可以减少空气带来的阻力。可想而知，如果运动员在日常的训练过程中可以使用这些较为高端的设备，或对现有的设备进行改进，将会有助于提高运动员的综合素质。

3. 竞赛体制

想要使我国的短距离速滑成绩得到飞跃式的进步，我们不仅要关注运动员技能的培养，更要关注竞赛体制。根据竞赛体制的变化对运动员相关体能的训练进行调整，能更好地让运动员适应比赛，从而在比赛中达到最好的状态。

在派出运动员参加比赛之前，运动队往往会组织选拔赛，从中选拔成绩最为优异的几名运动员参加比赛。从近些年选拔赛设立的时间来看，虽然其与重大比赛间隔的频率不一，但是经常分布在赛前一个月或赛前四个月左右。

我国在参加重大比赛之前的选拔赛和国外选拔赛的时间差不多，但存在本质上的差别。在其他国家，早期冰上训练是在六月、七月进行，而我国早期冰上训练时间为九月。仅从时间这一角度来看，我国目前在短距离速滑参与重大比赛的选拔赛这一方面显得有些仓促。这一方面不利于有针对性地训练运动员，另一方面也不利于运动员的体能恢复。相信每一名运动员都希望有机会参加奥运会这类重大比赛，所以他们的短期目标就是从选拔赛中脱颖而出，这一目标将促使运动员全力以赴地参加选拔赛，在赛前就拼尽全力去训练，易造成训练过度的现象。而对短距离速滑比赛而言，在上冰初期本应进行适应性训练，循序渐进地让运动员找到最佳的状态。而竞赛体制导致的这一问题，十分容易破坏其训练的系统性，使运动员在重大比赛中由于训练过度发生状态欠佳的情况。

4. 训练理念

国内外学者普遍认为，只有高水平的教练员才能培养出高水平的运动员。此话不假。然而，我国目前大部分短距离速滑教练员为优秀的退役运动员，他们熟悉临场战术及技术，能够更为直接地对运动员的训练进行指导与教授，但是对相关训练理论知识却有所缺失。这就十分容易造成运动员获得技术上的成功却缺乏系统的训练。不仅是短距离速滑，任何一项竞技项目的成功都无法脱离技术与理论的有机结合，无论偏向哪一方面，都无法使运动员的训练更为有效。由此可见，训练理念是影响运动员体能训练的另一大重要因素。

5. 营养与恢复

前文曾提过，先天因素的确会对运动员自身的体能产生一定的影响，但是并不起决定性的作用。想要尽可能地弥补这种先天性的缺失，就要通过后天有效、科学的营养搭配与训练来完成。有效地为短距离速滑运动员补充营养，从某种程度上来说可以间接地弥补先天的不足，不仅如此，还可以让运动员在经历严格的体能训练之后，基础代谢仍保持一定的平衡。

另外，在恢复方面，可以说运动员体能上的恢复是对其体能训练的另一种延续。当运动员经历高强度的训练或是比赛之后，需要一定的时间尽可能减少超强度训练带来的身体上的疲惫。因此，营养与恢复这两个方面与短距离速滑运动员体能训练有着密切联系，要十分注意其影响，才能更好地保证体能训练达到最佳效果。

6. 训练的负荷程度

在运动员的体能训练过程中，无论是教练员还是运动员都希望能够将身体的潜能充分开发，此时，多会选择负荷训练。虽然负荷训练有利于开发运动员自身潜能，但无论是负荷量还是运动员的负荷强度都十分容易在短时间内使运动员的体能出现一定的失衡状态。

然而，我们不能否认负荷训练给运动员带来的帮助，由此，训练的负荷程度就成为对短距离速滑运动员体能训练的重要影响因素之一。此时应注意循序渐进地对运动员进行负荷训练，可由低强度逐渐加大，同时注意将训练的内容与训练的方法充分结合。

四、结论

随着竞技体育的不断发展，人们对于短距离速滑这一项目的关注度逐渐提高，由此，对短距离速滑运动员各方面的素质及要求也有所提升。目前，对于短距离速滑运动员来说，所缺乏的更多的是体能方面的训练，我国对于这一方面的认知存在一定的片面性，因此，更为全面地分析短距离速滑运动员体能训练的影响因素就显得尤为必要。

无论是运动员内部结构还是外部结构，大多是针对运动员自身而言的，对于提高运动员的体能所起到的帮助并不大。更为重要的则是外部影响因素，竞技次数及竞技体制决定了短距离速滑的训练理念及负荷程度，器材设备、营养与恢复则成为更有效地提升运动员体能的辅助因素。相信在未来，随着我国对短距离速滑领域的研究不断深入，我国短距离速滑运动员也将不断进步，更好地为国家增光添彩，共同促进我国体育事业蓬勃发展。

参考文献

[1]何大为，金海荣. 速度滑冰运动员专项力量训练的特征[J]. 冰雪运动，2012，34（3）：14-16.

[2]宋丽，安秋. 高水平短距离速滑运动员陆上体能训练探析[J]. 冰雪运动，2012，34（1）：6-9.

[3]于涛，于睿. 青少年速滑运动员力量训练的特点[J]. 冰雪运动，2012，34（1）：10-13.

[4]展鹏，南相华. 我国速度滑冰少年运动员基本技术评定对竞技成绩的影响与改进[J]. 冰雪运动，2011，33（6）：1-5.

[5]邵中平，赵滨杰，李欣.我国短距离速度滑冰项目专项训练方法现状与发展[J].冰雪运动，2011，33（5）：1-5.

[6]张青，张忠奇. 我国速度滑冰男子短距离项目实现2014年冬奥会突破的思考[J]. 冰雪运动，2011（2）：11-13.

[7]姜雪莉，董晓琪. 速度滑冰运动员营养的消耗与补充[J]. 冰雪运动，2015，37（3）：5-8.

[8]薛龙官. 我国短道速度滑冰存在的问题与对策[J]. 中国校外教育旬刊，2015（29）：163.

[9]王景茹.短距离速度滑冰弯道技术训练创新分析[J].长春教育学院学报，2014，30（6）：72，74.

[10]温建勇.初学者速度滑冰教学速成法的研究与探索[J].长春师范学院学报，2013，32（12）：109-111.

浅析速度滑冰运动员心理建设

新疆维吾尔自治区体育局冬季运动管理中心　刁目凌

摘要： 速度滑冰是一项冰上体育运动项目，其运动员除了要具备较强的体能及专业技能外，还需要具备较好的心理素质。良好的心理状况能够保证运动员技战术水平的正常发挥，同时促进运动员获得良好的比赛成绩。基于此，本文浅析了速度滑冰运动员心理素质对成绩的影响，并提出速度滑冰运动员心理建设的具体策略。

关键词： 速度滑冰运动员；心理素质；比赛成绩；心理建设

速度滑冰比赛竞争激烈而残酷，运动员不仅要面对身体上巨大的挑战，还要承受心理上的巨大压力，速度滑冰运动员的技战术水平的正常发挥同心理状况有着很大的关系。现阶段，我国对竞技体育逐渐重视起来，运动员的身体素质和训练水平之间的差距逐渐缩小，速度滑冰运动员能否取得良好的成绩将取决于其心理素质，因此，如何提高速度滑冰运动员的心理素质和培养其在比赛中的自我调节能力，已经成为教练员和科研人员的重点课题。教练员要不断反思总结，在进行技战术训练的同时结合运动员的心理特征进行足够的心理建设，培养运动员坚忍不屈的意志品质，为其树立必胜的信心，只有这样，才能充分地发挥其应有水平，在比赛中取得胜利。

一、速度滑冰运动员心理素质对成绩的影响

速度滑冰运动员不仅要具有较高的滑冰技能，还需要具备较强的心理素

质。相关调查显示，优秀的速度滑冰运动员的心理控制能力与比赛成绩有着直接的关系。优秀的速度滑冰运动员能够运用较强的心理素质来保证技战术水平的发挥；而心理承受能力较弱的运动员，在比赛中无法发挥应有的技战术水平，从而导致比赛成绩不够理想。在速度滑冰中，领滑、跟滑、超越等动作需要运动员根据场上的实际情况来进行判断，心理素质较好的运动员能够明确分析当前形势，并利用经验进行判断，而心理素质是进行准确判断的先决条件，如果运动员在场上比赛时情绪不稳定，将无法对有效的信息进行分析，更谈不上加工利用。目前，我国速度滑冰运动员的技术和教练员的水平与欧美国家相比还是有一定差距的，在很多比赛中无法发挥应有水平，痛失金牌，有些运动员甚至出现大赛前过度紧张、摔倒等情况，这些都表明运动员的心理控制能力与比赛成绩有着直接的关系。因此，体育部门要重视运动员的心理建设。若想取得良好的比赛成绩，单凭运动员超高的技术是不够的，需要提升其心理素质，使之具备与竞技水平相适应的心理能力，只有这样，才能够获得良好的比赛成绩。

大量的运动实践证明，速度滑冰运动员的心理状态与比赛结果有着直接的关系，因此要对运动员的心理进行科学的建设，分析运动员心理状态标准，并给予运动员心理综合判定，同时加强运动员的心理建设，使其良好地发挥技术水平。[1]

二、速度滑冰运动员应当具备的品质和心理条件

运动员的心理建设是由反应准确性、运动状态调整能力、信息处理能力、直觉反应速度、预判能力组成的。竞技体育以创造优异成绩为目标，这就对运动员提出了挑战，需要其在具备良好技术水平的同时还要拥有良好的心态，这样才能够充分地激发内在潜能。因此，运动员的心理控制能力是提升运动成绩的重要因素。运动员若想具备这些能力，首先要具备坚忍的意志、较强的直觉、敏锐的洞察力和必胜的信心，只有这样，才能保证上述能力的发挥。

（一）坚忍的意志

坚忍的意志是运动员宝贵的精神财富，也是克服困难、完成高难度任务

的基本条件。随着竞技体育的发展，运动员的选拔逐渐严格，运动员之间的身体素质相差无几，从某种程度上讲，速度滑冰的比赛也是运动员之间意志品质的较量。坚忍的意志能够帮助运动员克服比赛中的困难，有助于实力的超常发挥，往往可使运动员愈战愈勇，战胜对手；而意志薄弱的选手，即便具有较高的技战术水平，也会在比赛中遇到困难或处于逆境后严重降低运动水平，从而导致比赛失利。由此可见，坚忍的意志是速度滑冰运动员首先应当具备的品质。

（二）较强的直觉

运动员的直觉也可以称为感知能力，速度滑冰是一项周期性体育运动，在高速滑行中，运动员能够表现出较强的节奏感和均衡感，而感知能力能够帮助运动员准确地掌握时间和空间位置，从而使运动员合理分配体力，选择合理的滑行速度。此外，较强的直觉能够帮助运动员准确判断对手的动作和意图，能够在激烈的比赛中获取准确的信息，从而转变战术，取得比赛胜利。

（三）敏锐的洞察力

敏锐的洞察力同样是优秀速度滑冰运动员不可缺少的能力，其能够帮助运动员掌握赛场上的局面，有助于选手适应比赛节奏。敏锐的洞察力还能促使运动员较好地完成战术安排，时刻保持头脑的清晰灵活。同时，由于速度滑冰的比赛节奏较快，信息处理通常也需要在一瞬间完成，因此，敏锐的洞察力和清晰的头脑也是运动员不可缺少的制胜因素。

（四）必胜的信心

自信是运动员在比赛中取得胜利的重要心理因素。自信心是实现预期目标的一种心理状态，也是速度滑冰运动员心理建设的重要指标。速度滑冰运动员自信心的建立需要多种因素，同时影响运动员自信心的因素也比较多，如比赛的时间和地点、竞争对手、自身竞技状态等，如果运动员具有必胜的信心，能够超常发挥，便会激励运动员顽强拼搏，最终取得比赛的胜利。[2]

三、速度滑冰运动员心理控制能力指标构建

随着竞技体育的发展，人们逐渐重视起运动员的训练方式。多年以来，人类不断激发潜能，追求极限。在速度滑冰运动中，若想充分地发挥应有水平、挑战极限，运动员不但需要进行良好的体能和技巧训练，还需要进行科学的心理建设，以保证运动员具有完备的心理素质。因为反应准确性、信息加工状态能够反映运动员在比赛中的注意力，这种认知能力是需要大脑和心理协调完成的，高度的肢体协调能力以对肢体的控制能力为基础，而比赛中又需要运动员准确地做出判断，快速的思维能力又离不开运动员对信息的精准感知和准确判断，运动员的心理调控能够防止肌肉紧张，明确目标和信息，但过度松弛的肌肉反而会对比赛产生消极影响。此外，运动员在比赛中可能会经历多次超越，虽然不一定每次都能成功，但如何准确地把握超越时机、减少体能的浪费也成为一种战术。准确地实行战术需要运动员对比赛局势进行判断，防止肌肉过度紧张，尤其在超越失败的情况下，应当快速调整自身节奏，以应对接下来的比赛。

在预判方面，运动员要对位置、时间、空间有大概的感知。速度滑冰是多人竞技项目，因此，运动员必须要准确把握对手的速度和位置，只有这样才不至于发生碰撞。另外，在比赛进行时，每个人都会有自己的比赛节奏，每名运动员自身条件不同，对时间和速度的掌握也不相同，因此，运动员要保持良好的心态，不被对手带乱节奏，正确地掌握技术要领，让运动器官和内脏系统相互协调，合理地分配体力，从而保证成绩，稳定发挥自身水平。达到上述这一切都需要运动员具备良好的心理素质。

现阶段，我国速度滑冰运动员训练以体能技巧为核心，而忽视了心理建设，因此，若想全面提升运动员的竞技水平，就要构建合理的心理建设方案。心理建设应当尊重运动员本身的性格特点和心理特征，但总结起来可以概括为情感训练、抗干扰能力训练、心理与技战术结合训练。只有良好地完成心理建设才能保证运动员充分发挥自身实力。[3]

（一）情感训练

竞技比赛通常以激烈著称，速度滑冰运动员在激烈的比赛中容易发生情感变化，这也是影响运动员心理建设的重要因素。因此，为了稳定运动员心理，加强心理素质建设，先要对速度滑冰运动员进行情感训练。情感训练的主要目的是增强运动员对比赛的适应能力，在比赛中保持平静的心态和稳定的情绪。心理训练还能够控制速度滑冰运动员的心理情绪变化，使其充分发挥自己的技战术水平。情感训练的具体实施需要根据运动员的性格来进行，要注意因人施教，充分发挥运动员本身的性格优势和心理特点；在团体追逐比赛和集体出发比赛中，教练员要注意培养团队队员之间的情感，树立明确的配合精神，培养运动员之间的友谊，在情感训练的同时要锻炼队员之间的技战术衔接，训练中要注意相互配合，从而增强队员彼此间的信任，这样能够提升运动员取胜的信心。

在经过长期的赛前情感训练后，运动员通常表现出精神饱满、斗志昂扬的竞技状态，但此刻只是取得了阶段性的胜利。比赛是对情感训练成果的检测，在比赛中，还要培养运动员对判罚结果的适应能力。不可否认，裁判员的判罚在比赛中起到关键的作用，但裁判员也会失误，如发生误判、漏判，甚至偏袒对方运动员的情况，如果本方运动员没有足够的思想准备，很可能导致情绪低落，产生消极情绪，对比赛失去信心。因此，在训练中要充分考虑这类情况，有针对性地进行这方面的训练。教练员要为速度滑冰运动员树立正确的思想，使运动员坚信裁判员是正确的，无论出现什么样的裁判结果，先从自身寻找原因，在比赛场上要服从裁判员的判罚，这样才能够再次占领主动位置，满怀欣喜地迎接比赛。[4]

（二）抗干扰能力训练

速度滑冰比赛不同于其他竞技项目，在比赛中运动员经常受到竞争对手的干扰和影响。因此，教练员要重视这类情况，避免对运动员心理产生波动，同时教练员可以通过模拟训练提升速度滑冰运动员的抗干扰能力。在比赛中，速度滑冰运动员经常受到裁判员误判、观众喝彩、对手阻挡等情况的干扰，严重时会对运动员的心理产生影响，增加其心理负担。因此，教练员可以在训练中模拟比赛实况，有计划地设置相关情景，完成抗干扰训练，以此提高运动员的心理素质。同时教练员也可以通过理论模拟，向运动员提出突发情况时应当如何处理等问题，如“当裁判员误判时，你会怎么做？”等，然后根据运动员的回答进行训练。同时，教练员可以安排陪练进行阻挡训练，观察运动员的情绪变化，以此提升运动员的抗干扰能力。此外，运动员在临近比赛时容易紧张，现场气氛会对运动员产生巨大的无形压力，很多年轻的速度滑冰运动员虽然处于竞技巅峰状态，但是不具备良好的心理素质，没有大赛经验，在比赛中情绪过于紧张，导致肌肉僵硬，无法做出正常的技术动作，以至于比赛失利。此时，运动员要学会调节情绪，抵制现场气氛对自身的干扰，减少接触比赛信息的机会，同时降低对比赛成绩的要求，减缓内心压力，学会自我调节，也可在比赛前进行小规模的运动，实现热身，防止受到干扰导致情绪紧张。[5]

（三）心理与技战术结合训练

心理训练不能完全脱离技术训练，如果没有良好的技战术水平，那么即使运动员有再好的心理素质也是无济于事的。因此，在训练中要结合技战术进行训练，以便达到巩固技战术水平、提升心理素质的目的。

在重要的技术环节训练中，运动员要不断回想，如同放电影一般回顾重要的环节，并进行自我暗示，回忆动作要点，稳定情绪，在这样的训练下，运动员会产生习惯反应，从而降低情绪对动作的影响，使得技战术执行起来更加流畅、清晰；同时要训练运动员的随机应变能力，以便应对比赛现场出现的意外情况。长期进行这样的训练不但能够很好地将技战术同心理训练结合，还能够提升运动员的创造力，便于临场发挥，达到出其不意的效果。[6]

四、结论

综上所述，运动员的心理状况是决定比赛成绩的重要因素，也是充分发挥技战术水平的根本保障。良好的心理素质能够帮助速度滑冰运动员取得预想中的成绩。优秀的速度滑冰运动员应当具备坚忍的意志、较强的直觉、敏锐的洞察力及清晰的思维能力，在训练中，教练员不仅要重视运动员的技战术水平和动作要领，还要对其进行适当的心理建设，帮助运动员树立必胜的信心，提升队员之间的情感、信任感。另外，要训练队员的抗干扰能力，并将心理建设充分地同技战术训练相结合，让速度滑冰运动员能够在比赛中集中精神，取得良好的比赛成绩。

参考文献

[1]张效东，张守信. 影响速度滑冰运动员比赛成绩的心理因素分析[J]. 体育世界（学术版），2016，112（4）：80-81.

[2]靳升. 速度滑冰运动员比赛流畅心理状态及其心理影响因素研究[D]. 沈阳：沈阳体育学院，2014.

[3]于芳，吴晓华. 对花样滑冰运动员心理素质及心理训练的探讨[J]. 才智，2012，28（11）：157-158.

[4]冯会廷. 短道速滑运动员心理控制能力指标建构及训练[D]. 长春：吉林大学，2010.

[5]李楠，刘彤，杨砚. 短距离速度滑冰运动员心理训练初探[J]. 冰雪运动，2013，11（1）：59-61.

[6]曲桂兰，张元元. 对短跑道速度滑冰运动员心理咨询的实践研究[J].哈尔滨体育学院学报，2013，10（4）：22-27.

新规则背景下自由式滑雪空中技巧青少年运动员培养的研究

沈阳体育学院　郭心心

摘要： 2007年11月，国际滑雪联合会（FIS）正式公布了自由式滑雪空中技巧项目新的评分规则，相较于原有规则，新规则对技术评定做了更细致的要求和说明。为更好地建立自由式滑雪空中技巧的运动员梯队，培养更加优秀的青少年运动员，本文从自由式滑雪空中技巧比赛规则的变化出发，结合5名青少年运动员培养的实际情况，深入调查研究规则的改变对运动员心理和训练方式的影响，剖析空中技巧青少年运动员发展中存在的问题，并得出结论：①为更好地开展项目并体现项目的观赏性，主要应从基础蹦床练习入手，提高运动员对难度动作的身体认知水平和身体力量。②从训练、比赛的角度出发，给予运动员更多的后备保障。③给予年轻运动员比赛的机会，让运动员开阔视野，使其更适应比赛规则。

关键词： 自由式滑雪空中技巧；比赛规则；训练实践；分析

一、研究背景

2007年11月，国际滑雪联合会正式公布了自由式滑雪空中技巧项目新的评分规则（以下简称新规则），相较于原有规则，新规则对技术评定做了更细致的要求和说明。旧规则规定，运动员从平台跃起到落地的空间内做各种空翻转体动作，其得分由表演的艺术效果和竞技水平决定，比赛时每人试跳两次，裁判员根据运动员完成动作的质量评定空中动作分和着陆动作分，两者相加再乘以动作难度系数，即为一次试跳的得分，两次试跳得分相加，得分多者名次高。新规则规定，预赛第一跳取前6名直接进入决赛，未进前6名者进行第二轮预赛；第二轮预赛取前6名进入决赛，共12人进入决赛，预赛中两跳动作不可重复使用，每轮得分不相加。决赛3轮，每轮淘汰制，12进8、8进4、最后4人争夺奖牌；决赛中，两跳动作不可重复使用，每轮得分不相加。

为更好地建立自由式滑雪空中技巧的运动员梯队，培养更加优秀的青少年运动员，本文从自由式滑雪空中技巧比赛规则的变化出发，结合5名青少年运动员的培养实际情况，深入调查研究规则的改变对运动员的心理和训练方式的影响，剖析空中技巧青少年运动员发展存在的问题。

二、本研究中所探讨的自由式滑雪空中技巧青少年运动员的基本信息

本研究中青少年运动员平均年龄（16.6 ± 0.89）岁，身高（165.6 ± 7.70）厘米，体重（57.3 ± 3.09）千克，雪龄（5.00 ± 2.24）年（表1）。在带队训练中，充分监控新规则背景下青少年运动员的日常表现状态，为青少年运动员的培养问题提供研究依据。

表1　自由式滑雪青少年运动员基本信息表

姓名	性别	年龄/岁	身高/厘米	体重/千克	雪龄/年	运动等级
杨仁龙	男	18	173	57.5	6	一级
杨龙啸	男	16	170	55	5	二级
李伯颜	男	16	170	62.5	2	二级
隋雅欣	女	16	155	55	8	一级
陈　卓	女	17	160	56.5	4	一级

三、自由式滑雪比赛规则变化分析

自由式滑雪空中技巧运动的新规则主要细化了两部分的分数评定细节。

（一）转体动作的周际界限

新规则中，运动员的每周转体动作的开始与结束主要通过手臂的伸展动作体现。在旧规则中没有出现周际界限的定义，也没有关于类似概念的规定。而新规则中定义了周际界限，对运动员每周转体动作的开始时间和结束时间做了明确规定，不仅规定转体过程中要有明显的手臂张开动作用以区分旋转周与周之间的界限，而且还非常细致地列出了三个相关扣分等级标准（表2）。

表2　手臂张开动作对技术打分的影响

手臂动作	扣分情况
运动员转体时没有手臂张开动作，但可辨认每周转体结束	扣1.0分
运动员每周转体结束时有手臂张开动作，但不明显	扣0.5分
运动员每周转体结束时有清晰、明显的手臂张开动作	不扣分

（二）空中转体动作时机的判定

转体的开始时机过早或结束时机过晚，都是新规则的主要扣分因素。以往，自由式滑雪裁判对运动员动作的结束时机判定标准存在较多争议。旧的评分标准对运动员空中转体动作的开始时机并没有相应的判罚规定，而新规则对空中转体动作的开始时机和结束时机都做了严格、细致的规定。如果以国际通用的时针指向表述为例（逆时针后空翻），新、旧规则在转体动作时机评定方面的对比主要如下。

1. 转体结束时机的相关规定

新、旧规则对每周转体结束时机的评定差异较大。

2. 转体开始时机的相关规定

旧规则对运动员每周空中转体动作的开始时机（除了转体第一周）没有具体的规定。新的评分规则对转体第一周的规定与旧评分规则相同，但对其他周的每周转体时机有了扣分标准（表3）。

表3 动作时机的判定及扣分情况

转体时机	扣分情况
运动员转体的开始时机在十二点至三点方向	不扣分
运动员每周转体的开始时机在三点半至四点半方向	扣0~0.5分
运动员每周转体的开始时机在四点半至六点半方向	扣0.5~1分

（三）评分规则的内涵分析

1. 转体中周际界限的内涵

新规则对周际界限的定义更加方便裁判员观察运动员比赛时每周转体动作的开始和结束时机，当运动员转体动作结束张开双臂时，裁判员很容易看清运动员的空间位置。训练指导经验告诉我们，运动员空中旋转速度差异的主要影响因素是其手臂的摆动程度。通常情况下，运动员在空中转体时为了增加转体的速度，为在单周翻腾中较好地完成转体度数提供保障，经常采用双臂收至体侧或屈臂抱至胸前的动作，以减少旋转半径的方式达到目的。

自由式滑雪空中技巧是一项高危的滑雪运动项目，规则的改变主要从安全角度出发，更多地为运动员的安全考虑。该项目的高危性、致伤和致病问题一直以来都是技术训练中限制运动员改良技术和提高动作难度系数的首要因素。然而，该项目运动员增加动作难度系数主要依靠增加其转体度数实现，转体时如果周与周之间其手臂没有较好地打开以减慢旋转速度，会导致运动员随着上一周的动作惯性进入下一周的转体，高速的转体会给准备着陆的运动员带来较大的安全隐患。

新规则的要求增加了自由式滑雪运动的观赏性。该项目不仅是一项竞技滑雪运动，而且是一项极限运动，可以界定为典型的表现难美类运动。新规则中周际界限的规定，使运动员必须更加清晰、准确地完成每周转体动作。如此一来，从观看角度会发现运动员的动作更加自如有序，更加符合大众观赏者的心理，较大程度上增加了比赛的看点。

2. 转体时机的内涵

自由式滑雪空中技巧的三周动作与两周动作在旧的规则中并没有反映出不同的判定标准，而新的规则将二者进行了细化，分别对三周动作和两周动作进行了不同的规定，填补了该处的不足，充分体现了二者的差异性。

通过对转体时机的限定，裁判员判断运动员的转体结束时机变得更加精准。旧规则对不同错误的区分范围控制在30度左右，而新规则对不同错误的区分范围扩大到了45度。新规则中错误区分范围的扩大便于裁判员更加客观、准确地评分，较大程度上减少了误判的发生。

新规则的内涵更加注重运动员空中转体技术的提高。新规则允许运动员为了完成每周动作的转体数量，可以占用上一周和下一周的动作时间，但这种占用有一定限度，运动员的单周转体数量不能依靠延长时间来增加，因此，运动员们必须通过改进自身转体动作的技术来增加空中转体数量。

（四）新规则中对动作质量和难度要求的分析

对于多数体育运动项目而言，动作的质量和难度难以兼得，动作难度的增加往往会伴随着动作质量的降低，自由式滑雪空中技巧项目也不例外。旧规则中对运动员空中转体结束时机的要求非常严格，评分界限范围小、扣分尺度大，运动员的两周动作如出现大错，裁判员可以扣掉其1.9分，三周动作如出现大错则可扣掉其1.2分。新规则的扣分形式虽相同，但评分界限范围大、扣分尺度小，运动员的两周动作如出现大错最多扣掉1.5分，三周动作如出现大错最多扣掉1分，如此设定判罚尺度有利于该项目运动员和教练员对技术动作质量的精益求精，推动该项目向提高动作难度方向发展。

四、新规则背景下青少年运动员的培养

（一）心理培养

1. 畏难情绪的处理

部分青少年运动员会认为新规则要求具体了、难度提高了，不容易掌握，心理上产生了畏难情绪。心理学有个基本理论，简称“ABC”理论。在

“ABC”理论中，“A”是指诱发性事件（如新规则的介入）；“B”是指个体在遇到诱发性事件之后产生的信念，即他对这一事件的看法、认知与评价（如运动员对新规则的看法）；“C”是指在这种情况下，个体的情绪和行为结果（如新规则对运动员产生的影响）。通常情况下，人们错误地认为，行为结果是由诱发性事件“A”引起的，即“A”引起了“C”。“ABC”理论指出，诱发性事件“A”只是引起“C”的间接因素，而人们对诱发性事件所持的信念和看法才是引起人的情绪及行为反应的直接因素。

以“ABC”理论为指导，我们就能明白部分年轻运动员产生畏难情绪的最根本的原因不是规则的改变，而是对新规则的认知和所持信念出现了偏差。明白了这一因素，我们便可以通过改变年轻运动员对新规则的认知来克服畏难情绪。新的认知应是新规则更加明确、具体化，打分更公平，项目更有观赏性，速度变慢了，安全性更有保证。若年轻运动员有了这样的认知，自然就没有了畏难情绪。

2. 消除不合理信念的干扰

不合理信念的三个主要特征是绝对化（应该、必须、一定），概括化（以偏概全），放大化（灾难化）。部分年轻运动员的信念是，只要规则改变了，就一定加大了难度。其实，这是一种典型的不合理信念，规则的改变不一定非要加大动作的难度。国际滑雪联合会这次改变规则的初衷是使项目更有观赏性，同时使裁判评分更具体、更公正，国际滑雪联合会并没有强调一定要增加动作的难度系数。面对规则的改变，想取得好成绩的运动员都会在动作的使用上有所改变，教练员和运动员也都会参照新规则进行训练、比赛，因此，这个改变对所有年轻运动员都是公平的。也因规则的改变，年轻运动员必须增加动作的难度系数，才能够提高比赛成绩。

3. 教练员的正确引导

比赛规则的改变导致运动员不再选用难度系数大的动作训练、参赛，但比赛的成功概率反而提高了，而使用难度动作的次数减少、比赛成功概率增加、伤病出现的频率减少，这些都是因规则的改变形成的。然而，不增加难度对项目的发展是不利的，也给训练进展带来了困难，运动员从内心开始排斥、抗拒发展高难度动作，甚至有些运动员开始在训练中纠结是否尝试高难度动作。规则的改变对训练产生了极大影响，从实际的训练、比赛的角度来看，运动员不再尝试难度动作，而是以简单动作参赛，虽然降低了训练、比赛的风险，但也降低了比赛的观赏性。通过降低难度来提高运动成绩，这一点在运动员的角度上看是令人满意的，但作为教练员，所追求的是更高层次的发展，而不是在现在的技术难度上原地踏步，这就是运动员和教练员之间的矛盾。因此，教练员应该从项目的总体发展出发，正确引导运动员积极面对规则的改变，更好地适应新规则。

（二）运动员的技术培养

1. 青少年运动员的体能训练

通过新、旧规则的对比发现，新规则对运动员的个人专项能力要求更高，对动作的精准度要求也更高。因此，设置合理的体能训练显得更为重要，在原有体能训练的基础上应该对核心稳定性训练有所偏重，特别是在训练前热身中，安排合理的核心稳定性训练更为重要，这样既可以充分热身，又可以增加专项能力，为运动员的技术提升提供体能保障。

2. 青少年运动员的技术训练

（1）起跳阶段的技术。自由式滑雪空中技巧的起跳技术经历过较长的演变过程，从其演变过程可以看出，以往的带臂式起跳技术已经基本被单臂或双臂上举式起跳技术所取代。通过多年的带队比赛经验可以深刻感知，运动员完成动作时手臂的规范性已经成为评定技术动作完成的标准。因此，青少年运动员技术训练应该从蹦床训练、水池训练及雪上滑行时充分练习起跳的手臂动作做起，从小培养运动员的良好动作习惯。

（2）空中阶段的技术。受动作界限和动作时机的相关规则影响，运动员应该更多注重每周动作连接的划分，使动作连接清晰明确，这样更有利于裁判员清楚地观察到运动员整体动作的节奏感。同时，新规则放宽了运动员团身动作的具体要求。从经验角度出发，放宽团身动作的要求对该项目运动员完成动作不会造成较大影响，在某种程度上还可能更有利于运动员完成动作。因此，在空中阶段技术动作的培养方面，应该更加注重运动员空中不同阶段动作的精准表达。

（3）落地阶段的技术。新规则在着陆方面的明显变化，包括落地之前身体下落的角度、脚接触雪面时膝关节缓冲的角度、身体倾斜的角度、手与雪面的接触情况、落地滑行之后身体的调整、侧蹬滑和身体挣扎等。新规则要求运动员的技术动作有足够的下落空间，这就需要运动员更早地完成动作，为落地预留出足够的空间。因此，在青少年运动员训练中应该充分考虑腾空高度，以及动作完成的效率，给落地留有充分的时间，同时更应注重运动员腿部力量素质的训练，为技术发挥提供体能储备。

五、结论与建议

（一）结论

新规则导致运动员对高难度动作产生一定的畏惧感，在一定程度上限制了运动员的技术发展。

新规则对运动员身体动作的控制能力要求更高，对运动员起跳、空中动作、落地都有了更细致的要求。

（二）建议

为能更好地开展项目，体现项目的观赏性，主要还应从基础的蹦床练习入手，改善运动员对难度动作的身体认知感觉和发力的感觉，只有这样，才能更有效地掌握动作的时机、节奏，提高动作的稳定性也能减轻运动员的恐惧心理。

从训练、比赛的角度出发，给予运动员更多的后备保障，建立健全保障体系，将科研融入训练实践，帮助运动员、运动队解决训练、比赛的实际困难。

给予年轻运动员开阔视野的训练和比赛机会，让运动员认识到国外自由式滑雪项目的发展趋势，更加正确地认识比赛规则，适应比赛规则。

参考文献

[1]门传胜，刘光宏.自由式滑雪空中技巧裁判规则演变对该运动发展的影响[J].沈阳体育学院学报，2009，28（2）：17-21.

[2]张士英，孟庆娣.自由式滑雪空中技巧新旧评分规则的比较分析[J].中国科技信息，2008（9）：154-156.

以项目供能特点为基础对长距离速度滑冰有氧耐力训练的思考

吉林体育学院　李兴帼

摘要：结合在美国参加学习时所学的知识，对长距离速度滑冰项目的能量代谢特点进行分析，并以此为基础，对该项目的有氧耐力训练进行思考。结果发现，长距离速度滑冰项目是一项典型的以糖的有氧氧化供能为主、以糖酵解系统和磷酸原系统（ATP—CP系统）供能为辅的项目。通过对提高有氧耐力的训练方法进行文献检索与分析，发现“两极化”训练模式是提高运动员有氧耐力的新模式。建议在训练实践中对这种新的训练模式进行探索，这可能对我国长距离速度滑冰项目的进步具有重要的作用。

关键词：供能特点；长距离；速度滑冰；有氧耐力

非常高兴能参加本次国家留学基金管理委员会组织的冬季项目教练员留学学习。本次国家组织教练员和科研人员以共同学习的形式培训，感觉很有新意，教练员和科研人员在学习中共同探讨、分析训练中存在的问题，理论结合实际，让人受益匪浅。在短短三个月的学习中，我们学习到的课程有体能训练（有氧与无氧）、交叉力量训练、损伤医学急救、大众体育的发展、运动营养学、运动生物力学，还有冬季项目的训练方式。在以往的训练中，我对训练的理论知识有所学习与了解，但在与实践的结合上还很欠缺。在这些学习内容中，让我体会最深和引起思考的是机体能量代谢特点与运动实践的结合，以及如何利用理论知识指导运动训练实践。

速度滑冰这个项目在冬季项目中是个“金牌大户”，其设项有男、女500米、1000米、1500米、5 000米，女子3 000米和男子10 000米，男、女集体出发、团体追逐，共14个项目。从目前来看，我国在速度滑冰的短距离项目上成绩比较突出，如张虹在2014年索契冬奥会上为我国夺得了1000米项目金牌，但在长距离项目上，我国一直处于弱势，这也是教练员一直以来思考的问题。在体能训练的相关讲座中，授课专家指出，现在国际上流行一种有效提高耐力水平的“两极化”训练方法，他本人也很感兴趣。正确理解和掌握我国长距离速度滑冰项目的供能特点是指导训练的关键，同时研究如何提高运动员在项目中的主要供能系统的供能水平，对提高我国长距离速度滑冰运动员的训练水平与成绩有着十分重要的意义，对推动我国速度滑冰耐力训练的科学发展也很有帮助。

一、长距离速度滑冰项目能量代谢特点

（一）人体三大供能系统

人体有三大供能系统，分别为磷酸原系统（ATP-CP系统）、糖酵解系统及有氧氧化系统。[1]

磷酸原系统的特点是供能总量少，持续时间短，功率输出最快，不需要氧气，不产生乳酸等物质。

糖酵解系统的特点是供能总量较磷酸原系统多，输出功率次之，不需要氧，产生乳酸。

有氧氧化系统的特点是ATP生成总量很大，但速率很慢，需要氧的参与，不产生乳酸。

人体的三种供能系统相互协调、相互补充又相互依存，构成人体维持生命活动的能量体系。人体在运动过程中，运动项目不同，三种供能系统所占的比例也不同。掌握和了解运动项目的能量代谢特点，是认识运动项目特点和制胜规律的关键。长距离速度滑冰项目也是如此，充分认识其能量代谢特点，对科学训练速度滑冰运动员的有氧能力十分重要。

（二）长距离速度滑冰项目的供能特点

速度滑冰比赛是比运动员在单位时间内通过冰面距离的能力，也就是比滑行的速度。长距离速度滑冰项目包括3 000米、5 000米和10 000米。无论是短距离还是长距离速度滑冰项目，“速度”是其制胜的关键，只是两者的速度有些差别。

分析和了解一个运动项目的能量代谢特点，主要是分析在比赛中时间及运动员生理生化指标的变化。[2]

首先，看其在比赛中的时间及时间结构，由于长距离速度滑冰是一项持续性、周期性的体能性项目，因此，其在比赛中的运动是持续的，时间结构不需要去分析，只需要分析其完成比赛的时间。对目前的运动成绩进行统计，3 000米的比赛时间为3分53秒34至5分20秒20；5 000米的比赛时间为6分03秒32至9分；10 000米的比赛时间为12分41秒69至17分。从长距离速度滑冰的比赛时间来看，运动员完成比赛的主要能量来源是糖的有氧氧化，随着时间的延长，糖的有氧氧化供能所占的比例逐渐增大。

其次，了解一个项目的能量代谢特点，还可以检测运动员在比赛中的生理生化指标的变化，如心率、血乳酸等。如心率常用来监控运动员在训练或比赛中的运动强度，以便监测运动负荷的大小。但查阅相关文献，没有针对运动员在长距离速滑中心率变化的研究。在实践中，还可以分析长距离速度滑冰运动员比赛中的血乳酸值，间接了解运动员的能量代谢特点。模拟比赛训练时，在起动、途中滑和最后冲刺等不同时段对运动员进行血乳酸检测，能准确反映长距离速度滑冰项目的供能特点。但这种观察性的研究很少。大多是在运动员全程滑完后进行血乳酸检测，有研究（表1）表明，长距离速滑3 000米、5 000米和10 000米比赛后运动员的血乳酸值差别不大，这是运动员最后冲刺后的测量结果，糖酵解系统在不同长距离速度滑冰中的供能（不是比例）是大致相同的。[3]

表1　长距离速度滑冰比赛后运动员的血乳酸值

项目	血乳酸
3 000米	16.66±2.12毫摩/升

续表

项目	血乳酸
5 000米	17.03±1.90毫摩/升
10 000米	16.58±2.69毫摩/升

从长距离速度滑冰项目比赛时间、心率及血乳酸等指标的变化可以看出，长距离速滑项目的能量代谢是一项典型的以糖的有氧氧化为主要供能的项目。人们对长距离速度滑冰项目不同距离的供能特点进行了总结（见表2）。

表2　长距离速度滑冰项目供能系统占比

项目	项目时间	ATP–CP和糖酵解系统	糖酵解和有氧氧化系统	有氧氧化系统
3 000米	3分53秒34至5分20秒	20%	40%~55%	25%~40%
5 000米	6分03秒32至9分	10%	40%~50%	40%~50%
10 000米	12分41秒69至17分	5%~10%	15%~20%	70%~80%

二、对提高长距离速度滑冰运动员有氧耐力的思考

（一）重视长距离速度滑冰运动员的有氧能力训练

以上分析了长距离速度滑冰项目的能量代谢特点，指明这是一个以糖的有氧氧化供能为主的项目，因此，提高运动员的有氧能力是项目取胜的关键。但是也有人提出，长距离速度滑冰比的是速度，且运动员在比赛后血乳酸能达到16毫摩/升以上，故认为长距离速度滑冰应重视运动员乳酸耐受能力的训练。的确，速度耐力是实现速度滑冰运动员长时间高速滑行的基础能力，我国运动员在速度耐力方面的不足主要体现在长距离项目中后程降速十分严重。

国外有学者对不同距离跑步运动员的跑步速度与血乳酸进行了研究。研究结果显示：当短跑运动员以不同速度进行运动时，以血乳酸为监测指标，发现短跑运动员速度达到3.5米/秒，血乳酸值出现明显的拐点，说明机体开始从有氧供能向无氧供能转变，其无氧阈速度为3.5米/秒。而中长跑运动员和马拉

松运动员无氧阈速度分别为4.6米/秒和4.9米/秒。以上研究表明，机体有氧能力越强，维持高速度运动的时间也越长，且机体不会感到疲劳。有氧代谢能力强，则乳酸的排出速度快，疲劳后的恢复时间相对较短。作为教练员，应正确分析速度耐力训练所包含的要素，正确分析其内在本质，并制订具有针对性的训练计划，使运动员的速度耐力得到明显的提升。

（二）提高长距离速度滑冰运动员有氧能力的新模式

如何提高运动员的有氧能力，是人们一直研究和关注的热点，20世纪70年代末期，金德曼等人（1979）对人体运动时能量代谢从有氧到无氧的转化过程进行研究后认为，该过程开始于以血乳酸第一次突增为标志的乳酸阈（有氧阈），结束于达到相应的最大乳酸稳定状态的无氧阈。用乳酸阈强度训练运动员，运动员的有氧耐力水平显著提高。这种后来被称作“乳酸阈模式”的训练逐渐成为耐力训练的经典方法。[4]一直到现在，教练员在训练实践中还采用乳酸阈模式来提高运动员的耐力水平。但随着训练水平的不断提高，教练员们发现，在高水平的耐力运动员中采用乳酸阈模式，运动员有氧耐力的提高幅度不明显，在2006年摸索出的“两极化”训练模式，能很好地提高高水平运动员的有氧耐力。[5]在国内，我们在长距离速度滑冰训练中也大多采用乳酸阈模式，对“两极化”训练模式还比较陌生，正好，此次在学习中，授课专家也谈到了这种模式，因此，引起了我对“两极化”训练模式在长距离速度滑冰项目训练中运用的思考。

1. “两极化”训练法的概念与特点

“两极化”训练法是当前耐力项目训练中比较流行的一种训练方法，是指采用低强度训练建立耐力基础，并穿插高强度负荷训练，使得高强度训练的负荷更高，低强度训练的负荷更低，形成“两极化”训练的模式。耐力训练包括对强度、持续时间和训练频率的掌握[6]，相关文献中记载着数十年来各国专家对长跑、越野滑雪运动员的研究数据，有证据表明，在整个年度训练周期中，将大量低强度训练与合理的高强度间歇训练结合起来，是提高耐力的最佳实践模式。

“两极化”训练模式与乳酸阈模式的最大区别是训练强度。前者乳酸阈强度的训练非常少（仅占训练总时间或总距离的5%左右），而低于乳酸阈强度的训练约占训练总时间或总距离的75%，高于乳酸阈强度的训练占15%~20%。[7]

2. “两极化”训练模式在耐力项目中的应用

目前，提高优秀耐力运动员的有氧能力大都趋向于采用“两极化”训练模式。

对世界部分优秀耐力项目运动员的训练负荷进行统计（表3），表明这种以低强度训练为主的“两极化”训练模式已经成为主流。[8]

表3　世界部分优秀耐力运动员负荷强度特征安排

<table>
<tr><th>研究者</th><th colspan="2">实验对象</th><th>训练阶段</th><th>Ⅰ</th><th>Ⅱ</th><th>Ⅲ</th></tr>
<tr><td rowspan="2">斯坦伯格</td><td rowspan="2" colspan="2">世界优秀（赛艇）运动员</td><td>一般准备期</td><td>90%</td><td>—</td><td><10%</td></tr>
<tr><td>比赛期</td><td>75%</td><td>—</td><td>25%</td></tr>
<tr><td>斯坦伯格等</td><td colspan="2">德国青年（赛艇）运动员</td><td>一般准备期</td><td>75%</td><td>—</td><td>25%</td></tr>
<tr><td>菲斯克-斯特兰德等</td><td colspan="2">挪威国家队（赛艇）运动员</td><td>年度周期</td><td>75%</td><td>5%~10%</td><td>15%~20%</td></tr>
<tr><td rowspan="2">居里奇等</td><td rowspan="2">德国青年（赛艇）运动员</td><td>国际级</td><td>准备期</td><td>94.82%</td><td>2.08%</td><td>3.10%</td></tr>
<tr><td>国际级</td><td>准备期</td><td>95.93%</td><td>2.03%</td><td>2.99%</td></tr>
<tr><td>比亚等</td><td colspan="2">法国、葡萄牙（马拉松）运动员</td><td>年度周期</td><td>78%</td><td>4%</td><td>18%</td></tr>
<tr><td>比亚等</td><td colspan="2">肯尼亚（中长跑）运动员</td><td>年度周期</td><td>75%</td><td>5%~15%</td><td>10%~20%</td></tr>
<tr><td>约翰等</td><td colspan="2">职业（自行车）运动员</td><td>赛前准备期</td><td>61.54%</td><td>12.31%</td><td>26.15%</td></tr>
<tr><td>舒马赫等</td><td colspan="2">场地（自行车）世界冠军</td><td>年度周期</td><td>75%</td><td>5%~10%</td><td>15%~20%</td></tr>
</table>

注：Ⅰ、Ⅱ、Ⅲ栏的数值代表这三种负荷强度在特定训练阶段的负荷量占总负荷量的百分比。

塞乐尔[9]等人是在长跑、越野滑雪和定向越野三个项目上获得过世界冠军和奥运会冠军的运动员，他们的共同之处是在他们的运动生涯的15 000堂训练课中，约85%的训练都是在低至中等强度下进行的。这种训练的优点在于运动量多且是在机体承受范围内，训练完成质量高。与此同时，每周穿插进行2~3

次高强度的间歇训练。2014年，有学者对跑步、自行车、铁人三项和越野滑雪运动员进行了为期9周的四种模式的耐力训练：①高容量的训练（HVT）；②乳酸阈模式训练（THR）；③高强度间歇训练（HIIT）；④“两极化”训练（POL）。结果表明，在优秀耐力项目运动员训练中采用“两极化”训练，运动员的耐力水平与其他训练方法相比提高最大。

此外，针对1972—2010年荷兰高水平速度滑冰运动员训练强度分布的统计与分析表明，在这39年的训练中，荷兰高水平速度滑冰运动员训练强度的分布逐步趋向“两极化”，这种发展趋势是荷兰速滑运动员取得优异成绩的重要因素。

长期以来，随着科学研究的进步，人们对专项代谢特征的认识一直在不断更新，由最初简单地从运动表象层面上强调无氧耐酸能力，到后来更多地从生物学层面重视有氧基础，再到目前认为有氧和无氧的动态平衡才是耐力训练的关键。人们为提高运动员的有氧耐力，尝试用不同的训练模式或方法进行训练，是对运动训练理论的探索与创新。目前，已经有大量的科学研究表明，“两极化”训练模式对提高高水平运动员的耐力有切实效果。目前，我国的长距离速度滑冰项目相对落后，我认为，在训练实践中大胆采用“两极化”训练模式，对提高我国长距离速度滑冰运动员的水平将有所帮助。

参考文献

[1]HOFFMAN J R.体能训练设计指南 [M]. 周志雄，译.北京. 北京体育大学出版社，2015，7：3-5.

[2]严力，刘贵宝，陈小平，等.认识速度滑冰项目规律的科研进程——短道速滑、速滑训练探索之七[J].冰雪运动，2004（3）：1-3.

[3]张国海.长距离速度滑冰的供能特点及其训练[J].冰雪运动，1998（2）：9-10.

[4]KINDERMANN W,SIMON G,KEVLTHE J. The Significance of the Aerobic-anaerobic Transition for the Determination of Work Load Intensities During Endurance Training [J].Eur J Appl Physiol，1979，42:25-34.

[5]HELGERVD J, et al. Aerobic high-intensity intervals improve $\dot{V}O_2max$

more than moderate training[J]. Medicine and Science in Sports and Exercise，2007，39：665-671.

[6]REVTER B.耐力训练[M].石宏杰，译.北京：北京体育大学出版社，2015，7：68-76.

[7]陈小平，褚云芳，纪晓楠.竞技体能训练理论与实践热点及启示[J].体育科学，2014，34（2）：3-10.

[8]郭树涛，陈栎圯，王卫星.耐力性项目训练负荷强度安排特征的研究[J].天津体育学院学报，2010，25（4）：290-293.

[9] STEPHEN S, ESPEN T. Intervals, Thresholds, and long slow distance the role of intensity and duration in endurance training [J]. Sport Science，2009，13：32- 53.

我国优秀花样滑冰运动员康复性体能训练特点分析

黑龙江省冬季运动项目后备人才训练中心　宋伦

摘要：康复性体能训练是较为新颖的训练理念，是从运动员的损伤情况及体能特点的角度出发来计划和安排的训练方法。本文首先分析了花样滑冰运动员康复性体能训练的相关概念；其次重点分析了我国优秀花样滑冰运动员的基础体能特点；最后结合实际，制订了我国优秀花样滑冰运动员康复性体能训练的方案。

关键词：花样滑冰；体能特点；康复性体能训练；训练方案

花样滑冰是一项力量与艺术、速度与技巧并重的体育项目，我国花样滑冰项目尽管起步较晚，但是当前总体实力较强，也涌现了一大批优秀的花样滑冰运动员。傲人的成绩固然离不开运动员超强的意志力及刻苦的日常训练，但除此之外，科学的训练方法也十分重要。对于优秀花样滑冰运动员来说，体能是完成规定动作的基础，优秀花样滑冰运动员只有拥有充足的体能，才能驰骋赛场，因此，体能始终是最为重要的一项训练内容。康复性体能训练将康复训练和基础体能训练结合在一起，取得了良好的实施效果，具有较强的应用空间。

一、花样滑冰运动员康复性体能训练的相关概念

康复性体能训练这一理念是由陈方灿博士在2006年提出的，它是将康复训练与体能训练结合起来的一种训练模式。[1]体能是运动员机体的基本能力，包含身体形态、身体机能、运动素质及健康水平。[2]陈方灿博士认为，体能训练

多以一般体能训练和专项体能训练为主，较少涉及康复训练。仅利用常规的训练方法难以解决康复问题，而快速又安全的康复训练方法在实践中有巨大的需求空间，康复性体能训练正是结合了康复医疗理念和体能训练基本方法，可以使运动员逐步恢复到最佳状态。[3]

目前，针对花样滑冰运动员的康复性体能训练尚未形成完善的体系，而花样滑冰运动对于技能的要求较高，尤其是在姿态控制、力量和速度能力方面，需要运动员始终保持良好的体能。花样滑冰的体能训练主要包括间歇训练、力量训练及柔韧牵拉训练[4]，而一旦运动员发生损伤，传统的体能训练恢复效果较差，且过于繁重的陆地练习任务，也使运动员身体发生损伤的概率较高。康复性体能训练对于花样滑冰运动员来说，不仅能够使训练程度适当，同时也能够起到预防损伤发生的作用。[5]

二、我国优秀花样滑冰运动员的基础体能特点

本研究选择了20名吉林省花样滑冰集训队运动员，其中男子运动员10名、女子运动员10名，年龄为14~25岁，训练年限为7~20年。本研究对他们的基础体能情况进行了测试和分析。

（一）我国优秀花样滑冰运动员的力量水平

力量水平是反映花样滑冰运动员基础体能的重要内容，目前主要以等速力量训练与测试系统进行力量水平的测试。测试内容包括膝关节、髋关节、躯干屈伸肌群的相对峰力矩。其结果详见表1。

表1　力量水平测试结果　　　单位：牛顿米/千克

		左侧屈肌相对峰力矩	左侧伸肌相对峰力矩	右侧屈肌相对峰力矩	右侧伸肌相对峰力矩
膝关节	男	1.6±0.16	3.1±0.36	1.6±0.25	3.0±0.32
	女	1.2±0.08	2.4±0.16	1.3±0.20	2.4±0.26
髋关节	男	2.3±0.21	5.2±0.41	2.5±0.36	5.0±0.26
	女	1.7±0.27	3.6±0.44	1.8±0.20	3.7±0.41

从表1中的数据可知，我国优秀花样滑冰运动员的力量水平在膝关节和髋关节的左、右侧屈肌相对峰力矩上的数值并没有太大差异，说明我国优秀花样滑冰运动员膝关节和髋关节的力量水平是基本一致的。

而在躯干旋转肌群相对峰力矩的测试上，男子运动员左旋得分为1.8 ± 0.34牛顿米/千克，右旋得分为1.8 ± 0.33牛顿米/千克，无差异；女子运动员左旋得分为1.3 ± 0.44牛顿米/千克，右旋得分为1.3 ± 0.45牛顿米/千克，无差异。说明我国优秀花样滑冰运动员的躯干左旋、右旋肌群力量水平一致。

（二）我国优秀花样滑冰运动员的平衡能力

花样滑冰运动需要运动员拥有较高的平衡能力，从而完成单腿滑行等高难度动作。我国花样滑冰运动员的平衡能力测试以静态平衡能力测试为主，测试内容包括左脚站立、闭眼左脚站立、右脚站立、闭眼右脚站立以及落冰姿态，每个姿势保持20秒，对测试对象在*X*轴、*Y*轴的移动距离进行统计，结果详见表2。

表2　平衡能力测试结果　　单位：毫米

		*X*轴	*Y*轴
左脚站立	男	532.4±174.4	577.9±166.5
	女	233.5±74.5	258.0±84.1
闭眼左脚站立	男	746.5±294.3	715.6±327.3
	女	365.1±50.9	396.4±47.4
右脚站立	男	314.6±114.3	366.1±104.2
	女	221.3±45.9	252.7±53.0
闭眼右脚站立	男	795.4±335.1	728.4±304.8
	女	387.9±89.4	380.1±79.3
落冰姿态	男	504.1±104.8	440.3±51.3
	女	335.6±102.1	314.5±76.4

从表2中的数据可知，男子运动员在闭眼后，左脚站立与右脚站立移动的距离要明显大于睁眼时的移动距离，闭眼左脚站立与右脚站立的移动距离无差异，左脚站立与右脚站立的移动距离无差异。女子运动员在闭眼后，左脚站立

与右脚站立所移动的距离要明显大于睁眼时的移动距离，闭眼左脚站立与右脚站立的移动距离无差异，左脚站立与右脚站立的移动距离无差异。而在落冰姿态上，男子运动员落冰姿态的移动距离要明显大于睁眼右脚站立，而女子运动员则无差异。

（三）我国优秀花样滑冰运动员的有氧能力

对于花样滑冰运动员来说，力量耐力的最大力量是制胜的关键，而有氧能力则是实现的基础。[6]利用多级折返跑能够有效测量运动员的有氧能力。多级折返跑以20米为折返的距离，每20米的时间为5~10秒，速度随等级的增加而提高，共计21级。

对运动员多级折返跑等级及最大摄氧量数据进行收集和分析可知，男子运动员的折返跑等级为11~14级，而女子运动员的折返跑等级为8~10级。男子、女子运动员相对最大摄氧量分别为54.8 ± 4.27毫升/（千克·分）和45.6 ± 3.2毫升/（千克·分）。

（四）我国优秀花样滑冰运动员的无氧能力

无氧能力的训练是花样滑冰运动员体能训练的重点内容。[7]利用功率自行车进行无氧测试，记录每5秒的时间内，运动员蹬车的圈数，并对最大功率、平均功率及疲劳程度进行统计和分析，结果详见表3。

表3　无氧能力测试结果

性别	最大功率/瓦	平均功率/瓦	疲劳程度指数
男	975.4±188.4	576.2±75.1	76.1±13.5
女	414.6±25.9	254.8±27.6	72.4±8.16

从表3中的数据可知，最大功率反映的是运动员肌肉在短时间内产生的机械功率，即爆发力。当前，男子花样滑冰运动员的最大功率为975.4 ± 188.4瓦，女子花样滑冰运动员的最大功率为414.6 ± 25.9瓦。平均功率反映的是运动员维持高做功的能力，即速度耐力。当前男子花样滑冰运动员的平均功率为576.2 ± 75.1瓦，女子花样滑冰运动员的平均功率为254.8 ± 27.6瓦。男子、女子运动员疲劳程

度指数分别为76.1 ± 13.5和72.4 ± 8.16。

三、我国优秀花样滑冰运动员康复性体能训练方案

（一）花样滑冰运动员康复性体能训练的目的及需求

制订花样滑冰运动员康复性体能训练方案的目的是优化花样滑冰运动员的整体体能训练效果，将康复性训练的理念融入花样滑冰运动员常规的体能训练中，结合康复医学知识科学改善运动员的身体素质，并立足于花样滑冰运动员的基础体能特点，提高专项力量水平，减少身体损伤风险，实现运动技能水平的有效提升。[8]

花样滑冰是身体损伤发生率较高的项目之一，我国优秀的花样滑冰运动员在日常的体能训练中都会面临运动损伤的风险，尤其下肢、腰背部及膝部最容易受伤。且花样滑冰的技术难度较高，尽管在日常的训练中较为注重预防运动损伤，但是他们的损伤多为慢性损伤，花样滑冰运动员长期处于带伤训练的状态，这样不仅不利于运动员的个人发展，而且在成绩的提升上存在较多的阻碍。

（二）花样滑冰运动员康复性体能训练的实施方案

1. 陆地训练结构调整

传统的花样滑冰运动员训练体系以冰上专项训练和陆地综合训练为主，在陆地训练的时间较长，内容包括专项训练和基础体能训练，基础体能训练则包括爆发力、平衡能力等内容。而在实施花样滑冰运动员康复性体能训练后，则必须对陆地训练的结构进行调整。主要分为两个方面：一方面是保留专项训练，利用陆地训练学习新动作能够提高运动员对动作的熟悉度，从而避免在冰上训练中受伤；另一方面则是在基础体能训练的常规项目上增加康复训练内容。康复训练具体包括：第一，屈肌力量训练。膝关节的屈肌力量集训能够实现主动肌和拮抗肌力量和协调性的改善，并能够有效促进关节稳定性的提升，并使损伤风险得以降低。[9]第二，细化耐力训练。提高有氧能力训练及无氧能力训练的占比，并注重平衡协调训练比例的增加，使运动员能够在进行基础体能训练的同时，有效结合康复训练的内容，从而提高训练效果。

2. 陆地训练阶段计划调整

陆地训练是赛前训练的重要内容，目前国内外大型赛事多集中在10月至次年3月，如花样滑冰大奖赛、花样滑冰世界锦标赛等。表4反映的是当前我国优秀花样滑冰运动员全年训练周期情况。

表4　花样滑冰运动员全年训练周期情况

本年								次年			
5月	6月	7月	8月	9月	10月	11月	12月	1月	2月	3月	4月
基本期：节目编排、体能储备、专项训练、合乐训练					比赛期：大奖赛分站赛、大奖赛总结赛、奥运会、世界锦标赛等						调整期

目前，在调整期前的训练中对于阶段的划分并不十分明确，往往根据冰上训练的内容来进行调整和计划，这使得我国花样滑冰运动员在短时间内接受了大量的训练，尤其在7月和8月，随着运动量和运动强度的不断加大，运动损伤的情况也增多，因此，需要对陆地训练计划进行优化和调整。首先，应当在调整期前增加准备阶段，以基础体能训练为主，定量设计训练任务，使运动员能够维持良好的身体素质水平；其次，应当在9月之前，全面开展康复性体能训练，科学提高运动员身体机能状态，然后再进行专项训练；最后，应在3月之前开展补充性体能训练，结合康复训练，强化在比赛期后半程的损伤预防、体能储备，由此，实现康复训练的全面渗透。[10]

3. 康复性体能训练方案设计

本研究结合花样滑冰运动员的训练规律，在基础体能训练中，拟定了康复性训练的内容，构建了如图1所示的康复性体能训练方案。

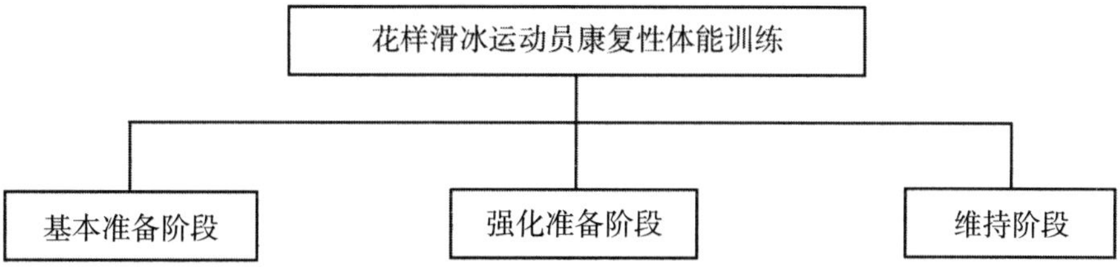

图1　康复性体能训练方案示意图

花样滑冰运动员康复性体能训练模式主要分为基本准备阶段、强化准备阶段及维持阶段。基本准备阶段主要包括花样滑冰运动员的力量耐力训练、最大力量训练及有氧能力训练等，从康复训练角度不断强化运动员的平衡协调能力，提高运动员的柔韧性。强化准备阶段，主要进行针对准备期和比赛期的专项力量训练，注重对姿态控制及关节稳定性的训练，提高花样滑冰运动员的核心稳定性，优化本体感觉，并注重发挥个性特点，减少损伤。维持阶段，主要以运动员的体能恢复及维持体能水平为目的，提高对抗损伤的能力。

（三）花样滑冰运动员康复性体能训练的应用

当前花样滑冰运动员康复性体能训练的应用趋势和效果已经十分明显，在传统陆地训练的基础上进行调整也逐渐被教练员和运动员所认可与接受，甚至在各大赛事的备战过程中，也逐渐增大了康复性体能训练的应用，并加强了对运动损伤情况的监测，着重考虑了花样滑冰运动员的综合实力和整体体能水平，但是要增强康复性体能训练的应用效果，不仅需要为运动员建立更加全面的跟踪体系，还需要进行系统的康复训练，排除其他因素的干扰。

四、结语

综上所述，康复性体能训练强调在传统体能训练的基础上，增加康复医疗理念和康复训练措施，以恢复、维持和促进运动员的体能水平为目的，采用科学的方法来实施具体的训练内容，较为适合当前我国优秀花样滑冰运动员训练周期长、训练内容复杂、运动损伤频发的特性，且当前我国花样滑冰运动员的基础体能情况差异较大，尤其在膝关节屈伸、视觉调节平衡能力及无氧运动能力上明显不足，采用康复性体能训练方法，改进和调整陆地训练结构和阶段计划，并将康复性体能训练贯穿于日常训练中，从而能够进一步发挥康复性体能训练的效果，实现运动员体能水平的提升。

参考文献

[1]陈盼盼.生物力学在康复训练中的应用研究[J].经营管理者，2016，5

（24）:457.

[2]宗增增，王国祥，花冰.康复性体能训练研究综述[J].当代体育科技，2015，11（8）:14.

[3]张舒畅.体能训练中运动损伤的预防及其康复手段[J].现代教育科学，2014，3（12）:178.

[4]韩春远，王卫星.运动员体能概念之辨析[J].中国学校体育（高等教育），2014，12（6）:54-58.

[5]常莉伟.康复性体能训练的理念和方法[J].东方企业文化，2012，4（22）:176.

[6]刘双红，白冰.花样滑冰运动员的体能训练[J].冰雪运动，2012，3（6）:25-27.

[7]杨时.功能性训练在康复体能训练中的应用[J].体育科研，2012，7（4）:85-88.

[8]刘艳.花样滑冰运动员专项力量的训练方法[J].冰雪运动，2012，9（1）:22-24.

[9]吴晓华，于立强.花样滑冰专项体能特征及训练方法研究[J].冰雪运动，2011（5）:19-22.

[10]邓运龙，张海忠.论现代体能训练新理念新方法[J].军事体育进修学院学报，2009，11（4）:73-75.

浅谈速度滑冰项目的功能性训练

黑龙江省冬季运动项目后备人才训练中心　金鑫

摘要：近年来，功能性训练在竞技训练的各领域中受到广泛关注。功能性训练在训练模式上并没有具体的要求，但实际上像灵活性训练、稳定性训练、力量训练、自行车训练等所有能够提高专项运动成绩或把在训练中所获得的能力转换到专项运动当中，帮助运动员提升在训练和比赛中的运动表现能力的训练方式都可以称为功能性训练。速度滑冰是冬季运动的基础项目，在其近些年的训练中，功能性训练也扮演了重要的角色。本文将从协调性训练、力量训练、自行车训练三个方面浅谈速度滑冰项目的功能性训练。

关键词：速度滑冰；功能性训练；力量；协调性

自我国成功申办2022年冬奥会以来，冬季运动受到举国上下的瞩目，吸引了大批优秀体育人才投身到冬季项目的建设和发展上来。速度滑冰作为我国冰上项目的基础大项，更是承载着国人更多的期待和关注。在2018年平昌冬奥会上，速度滑冰项目新增2个小项，金牌总数达到14枚，成为单项金牌数量最多的冰上项目。速度滑冰同时也是我国在国际赛场最早实现突破的冬季项目。早在1964年2月于日本长野举行的速度滑冰世界锦标赛上，我国选手罗致焕就勇夺男子1 500米项目冠军，成为第一个获得冬季项目世界冠军头衔的中国选手。虽然后来有多名运动员相继获得世界冠军，但直到2014年索契奥运会上，张虹才拿下中国速滑历史上的奥运首金。

速度滑冰是一项运动员借助冰刀在冰面上滑行的竞速项目，最终目的是在最短的时间内滑完全程。滑行支撑条件的独特性和竞赛特点对速滑运动员的身体素质、机能状态提出了较高的要求。功能性训练目前已经广泛应用于乒乓球、羽毛球、排球等我国传统夏季优势项目中，在中国知网上可以查到很多关于这些项目的功能性训练方法，然而以速度滑冰、功能性训练为关键词或主题，查找到的有关速度滑冰功能性训练的文章数量为零，以功能性训练的定义为内容，分别以速度滑冰、核心训练、协调、稳定等为关键词或主题进行搜索，得到的结果也不多，且多数文献报道都是关于短道速滑项目的研究。由此可见，对速度滑冰运动员的功能性训练研究已成为亟待解决的重点问题之一。本文旨在尝试探讨速度滑冰中的功能性训练方案，为将来进一步的实践研究打下理论基础。

一、功能性训练的定义

功能性训练最初是康复治疗的一部分。近年来，功能性训练逐渐被引入竞技体育中，成为一种新的体能训练方法，取得了较好的成效。学界对于功能性训练的定义有着不同的界定，本文采用孙奇于2016年在《身体功能训练对足球运动员身体素质影响的相关研究》一文中对身体功能训练的定义，即以全面发展运动员身体功能为根本目标，以与体育专项性动作模式相一致的训练模式，以多本体感觉、多平面和多关节练习内容为主，从平衡性、柔韧性、协调性、稳定性等多方面来促进神经、骨骼、肌肉及运动素质的全面发展，更适应竞技比赛的要求。[1]

二、功能性训练的训练模式

孙奇在闫琪等人于2012年提出的功能性体能训练金字塔模型和功能性力量训练金字塔模型[2]的基础上，结合库克・克雷的最佳运动成绩金字塔模型，提出了细化的四层功能性训练模型（图1）。

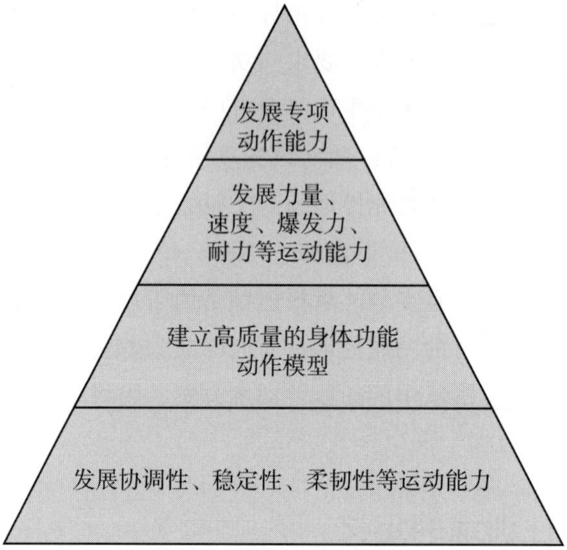

图1　四层功能性训练模型

其中，金字塔的第一层描述了发展运动员专项能力的基石，即发展协调性、稳定性和柔韧性等运动能力；当具备一定的运动能力之后，发展与竞技体育项目特点相一致的动作模式，才能建立高质量的身体功能动作模型，这是金字塔的第二层；在形成动作模型的动力定型之后，身体功能训练的重点变成了发展专项所需的运动能力，这是金字塔的第三层；最后再在专项运动能力基础上发展专项动作能力。[1]

三、功能性训练在速度滑冰中的运用

（一）协调性训练

协调性存在于一切动作中，从生理学的角度而言，协调性是指神经系统的协调配合，由神经的兴奋和抑制相互配合而形成；从训练学的角度而言，协调性是肢体的协调运动，以保证动作的效果。

1. 协调性的定义

协调性是指在各种突然变换的条件下，保障运动员在不损失身体平衡、力量、速度的状态下能够迅速、准确地改变身体运动的空间位置和运动方向，组织运动员各个部位的肌肉及关节连贯完成整套动作的能力。涉及机体的内部运动和外部环境的相互配合，是一个纵向和横向交会的、多级多层的框架系统，能够控制动作速率的高低，持续时间的长短、节奏，衔接的流畅，用力的方向、强度、方式、时间等因素。

2. 协调性对速度滑冰项目运动表现能力的影响

速度滑冰项目的运动特征是在高速滑行过程中重复完成双腿交替快速承接体重并在最恰当的蹬冰时机将身体再次推出的动作，在整个运动的过程中，需要身体在保持平衡的状态下快速灵活地转换重心移动的方向，同时又要在重心移动的过程中保持身体的稳定性，形成合理的蹬冰角度，完成有效的蹬冰动作。所以，协调性的提升既可以预防运动损伤的发生，也可以提升运动员在滑跑过程中的运动表现能力，降低运动中的无效做功。

3. 协调性训练的目的

通过对常规协调性训练动作模式的细节做出相应的调整，找到运动员最不擅长的动作模式，使运动员大脑的认知力得到挑战，提升神经系统在高速运动时快速反应并支配身体的能力，让运动员在每一次冰刀接触冰面的同时控制身体，积聚更多动能，并运用所积聚的动能有效提升蹬冰质量。

4. 协调性训练的方式

在传统训练模式的基础上添加综合元素，加强上下肢的协调配合能力，如在绳梯训练中增加上肢动作。

在训练中把横向和纵向的内容串到一起并利用队友之间的配合增加难度。

在训练中加入对抗元素，以游戏的形式完成复杂的动作。

（二）力量训练

力量训练是功能性训练的主要内容之一，从训练学的角度而言，力量训练主要通过负重和抗阻两种方式达到训练的目的，可以分为一般力量和专项力量。相关研究证明，力量训练的形式与专项的相似度越高，对专项成绩的提高越明显。对于高水平运动员而言，如果力量训练的形式与专项的相似度偏低，甚至有可能影响专项成绩。即使是简单的杠铃训练，也不应仅发展一般力量，而应该尽量与专项的运动方式接近，优先发展对专项更为重要的力量素质。同样，力量训练也可以发展最大力量、速度力量和力量耐力。

1. 一般力量

一般力量是所有运动的基础，通过肌肉离心、向心和等长收缩的方式来完成，例如卧推和深蹲等基本动作所表现出来的力量。一般力量最大值的增加会直接提升运动表现能力。发展最大力量可以增大肌肉横断面积，增加肌肉中磷酸肌酸（CP）的储备量，提高运动中三磷酸腺苷（ATP）的合成速度。

2. 专项力量

专项力量是指针对速度滑冰专项动作模式的特点，按照专项动作特征、力量性质、肌肉收缩方式去完成动作的能力。主要通过在专项训练时运用不同的训练模式和节奏使专项肌群得到有效刺激来提高专项能力，并通过专项训练的引导将在一般力量训练中获得的能力转换到专项动作中。专项力量的训练要使对专项成绩贡献较大的力量素质先得到发展，同时应该从力量训练的动作方式和负荷两个方面更加贴合专项。例如，由于速度滑冰项目动用臀大肌较多，所以应该以深蹲训练为主，而其他跳跃类项目则应该以半蹲训练为主。

3. 爆发力

力量训练强调的是基础，爆发力强调的则是神经、肌肉系统在最短时间内产生最大冲动的能力。爆发力在运动中的表现主要取决于阻力和运动中加速度的状态。爆发力是力量和速度的乘积，要发展爆发力，就要注意对力量和速度的训练。进行大负荷训练时能增加肌肉力量却不能优化速度，在进行爆发力训练时要以中低强度的练习为主，也可以根据所进行的练习和运动员的状态来改变训练的强度。在发展肌肉力量的同时，应该辅以专项技术的发展，以更大限度地发挥力量训练的效果。

4. 力量和爆发力的关系

最大力量和爆发力并非两种互不相干的事物，最大力量是爆发力的基础。最大爆发力大致出现在最大肌张力的三分之一和最大速度的三分之一时（图2），力量训练的最终目的是要增强爆发力，并运用到专项运动当中，单纯地增加力量训练并不能得到很好的训练结果，而只关注爆发力则会导致力量上的不足，所以，了解力量和爆发力的关系才能使训练达到更好的效果。

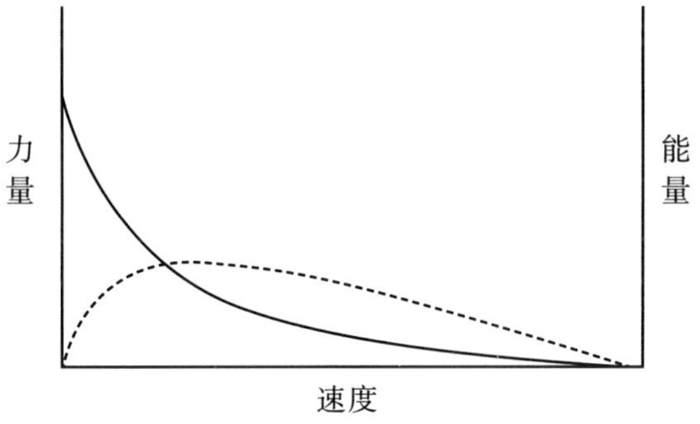

图2　速度-力量曲线

5. 速度滑冰力量训练的基本方法与原则

（1）负重抗阻训练：运用杠铃、哑铃、壶铃、弹力带等，设计不同的动作，依靠负荷和重复次数刺激肌肉，重点针对特定肌群力量的发展。

（2）对抗训练：通过队员之间的相互配合和相互对抗，采用推、拉等方式刺激肌肉，对核心力量和全身综合能力的要求比较高。

（3）训练原则：突出全身肌肉协调、灵活做功的能力。通过杠铃和跳的交叉、杠铃和专项的交叉提高专项肌肉的伸缩速度；通过上下肢运动的交叉与同步，来提高神经系统对全身肌肉协调能力；通过杠铃与专项的结合把获得力量的感觉引导并运用到专项动作模式中。

（三）自行车训练与速度滑冰

自行车训练作为速度滑冰项目的一种训练手段，已经有近百年的历史了，在速度滑冰较为发达的国家，自行车训练已经成为一种重要的训练手段，无论是一般准备期还是专项准备期，自行车训练都不可或缺。在我国，陶玉晶教授在《我国速度滑冰陆地辅助训练手段的理论与实践研究》中指出，我国20世纪六七十年代的速度滑冰运动员曾经在全国自行车比赛中取得过优异成绩，由此可以说明，速度滑冰运动与自行车运动在运动学特征和生物学特征上存在同向性。当前，我国速度滑冰训练中也安排了自行车训练，但与国外优秀选手相比，无论在训练量占比上还是在训练实效性上都存在着较大差距，因此，在我国各级速度滑冰队伍中，应强化自行车训练手段的引进和创新研究。

1. 自行车与速度滑冰项目特性的共同点

自行车是所有陆地项目里运动模式最接近速度滑冰专项特点的运动。从相关的运动学特征而言，针对运动姿势，自行车项目要求运动员的髋关节角度为20~70度，膝关节角度为40~140度，踝关节角度为80~100度；速度滑冰项目要求运动员的髋关节角度为50~130度，膝关节角度为90~180度，踝关节角度为80~110度（图3）。由此可见，人体下肢三大关节的角度在这两个项目的运动过程当中是基本一致的，且这两个项目都是通过双腿交替运动，由髋关节、膝关节和踝关节的交替伸缩来传导力的，输出与做功的角度基本是一致的。

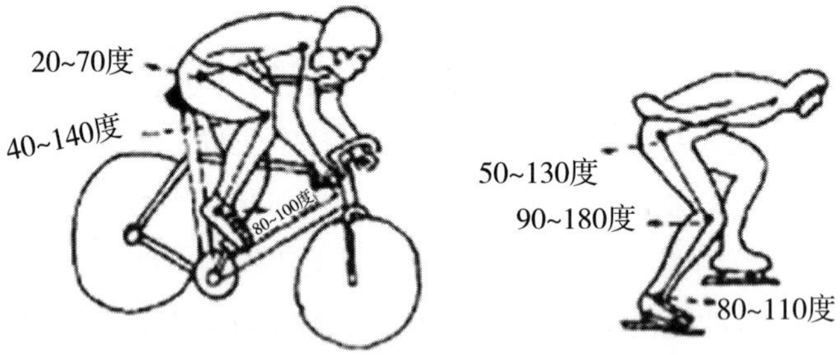

图3　自行车与速度滑冰运动动作模式对比

2. 自行车训练对提升速度滑冰专项竞技水平的优越性

（1）耐力。耐力分为有氧耐力和无氧耐力，虽然有氧耐力和无氧耐力是两种不同的耐力素质，但是有氧耐力的水平直接影响无氧耐力水平的提高。有氧耐力的提高能有效地促进氧化过程，推迟乳酸的产生，并且能更快地消除无氧代谢中产生的乳酸，有效地提高肌糖原的储备量，进一步增大糖酵解的能力，从而提高无氧代谢能力，改善有氧代谢系统的机能结构，延缓疲劳。目前，国内外的速度滑冰队伍都已经把自行车训练作为一种重要的训练手段，特别是在“速滑王国”荷兰的速度滑冰训练计划中，几乎每天都有自行车训练。长时间的自行车训练不仅使有氧能力得到有效提高，还可以通过间歇训练的形式、传动比的变化来变换运动强度，从而达到不同的训练目的，如耐乳酸能力、专项力量等。提高有氧能力的同时还可以对专项性训练进行促进、补充和调整。

（2）身体姿势的相似性。在高速骑行过程中，空气阻力的增加与自行车行驶速度的平方成正比，这与速度滑冰项目的特点极为相似。由于自行车可以达到的速度更高，有利于运动员养成上体前倾至接近水平的习惯姿势，这对速度滑冰项目也极为重要。在这种身体姿势下，机体的呼吸方式、腰背部肌肉的工作模式都基本一致，这使自行车训练表现出独有的优越性。

（3）有利于提高腿部肌肉的力量。自行车和速度滑冰项目就项群分类来说都属体能主导类项目，在自行车训练中，腿部肌肉需要做更多的功以维持运动，做功过程中参与做功的腿部肌肉的类型和做功方式与速滑项目都极为相似，故自行车训练通过机械做功的改变可对腿部肌肉的力量和爆发力形成良好的锻炼。

（4）有利于防止下肢关节损伤。若整个训练年度都只进行单一的冰上专项训练，长期的单一做功极有可能导致相关肌群的过度疲劳和损伤。根据速度滑冰项目的特点，进行滑冰训练时会出现下肢关节特别是膝关节负荷大、受冲击大，速度滑冰中的一些跑跳类专项训练，膝关节承受的负荷会更大，故极易导致下肢关节特别是膝关节的损伤。而自行车训练在这方面具有一定的优势，相对速度滑冰项目而言，在自行车训练中，膝关节的负荷相对小一些，在进行专项模仿训练的同时，可减轻下肢关节的负荷。

四、小结

速度滑冰项目的功能性训练还包括专项练习等其他方面，随着对速度滑冰训练相关内容研究的深入，功能性训练一定会在速度滑冰项目的训练中扮演更加重要的角色，也将助力于提高我国推动“轮转冰”“跨项选材”等改革创新方式选出的后备人才的成绩，有助于中国速度滑冰在2022年冬奥会上实现更大的突破。

参考文献

[1]孙奇. 身体功能训练对足球运动员身体素质影响的相关研究[D].北京：北京体育大学，2016.

[2]闫琪，任满迎，赵焕彬.论竞技体育中功能性体能训练的特点及其应用[J].山东体育科技，2012，34（3）：1-4.

全媒体时代下大型体育赛事营销推广研究

哈尔滨市冬季运动项目训练中心　骆雷

摘要： 伴随着国家综合国力和科技水平的发展，体育事业中蕴藏的商业化、市场化价值逐渐显现。与此同时，我国的媒体环境进入全媒体“百家争鸣”的时代，这对大型体育赛事的营销推广有着十分重要的作用。基于此，本文立足全媒体时代的视角，对制约现阶段大型体育赛事营销的瓶颈加以分析，并提出在全媒体环境下怎样制订正确的营销推广策略，从而实现体育赛事的利益和营销效果的最大化。

关键词： 大型体育赛事；营销推广；全媒体时代；策略研究

伴随着2008年北京奥运会的成功举办以及2012年伦敦奥运会和2016年里约奥运会在国内的高关注度，很多人已经认识到体育赛事不仅仅蕴藏着竞技价值，还暗含着巨大的商业价值。每场大型体育赛事过后，体育赛事隐藏的商业余温不会立刻散尽，还存在于社会生活的方方面面。

同时，鉴于我国媒体环境发展突飞猛进，新媒体俨然已经与传统媒体发挥着同样的作用。传统媒体设置议程，新媒体引发讨论，已经成为全媒体时代下的新型报道方式。

综上所述，对体育赛事的营销和推广在新时代应该立足于全媒体传播特性，并在此特性下提出能够适应新的媒体环境的高效率、强效果的赛事传播模式，助推体育赛事的营销推广，并进一步促进我国体育产业的发展。

一、全媒体时代下的大型体育赛事营销

在此有几个关键性的概念需要首先说明，以便对下文的体育赛事营销及推广做出深层次的分析和界定，并进一步提出策略。

全媒体时代是相对于以往的传统媒体一家独大设置报道议程而言的新型信息传播形态的时代。而今，日益发达的互联网技术正加速改变着信息传播、交流、反馈的结构模式和渠道设置，在此前提下，新闻信息的内容、传递形式等都发生了重大变化。最直接的体现是，个人可以作为如同信息源一般的传播单位单独存在，以微信、微博等自媒体作为渠道发布信息。与此同时，传统新闻媒体不断加快媒体融合的步伐，纷纷建立自己的新媒体平台，并提出“中央厨房”式的深度媒体融合报道方式，延长传统的新闻产业链条。

全媒体时代下，传统媒体深度融合的新闻报道理念，在整合新闻报道资源、提高新闻时效性、深度挖掘新闻报道内涵、扩大媒体和新闻报道影响力方面发挥着重要的作用。新媒体的发展改变了信息的传输速度，拉近了新闻和受众的距离，提供的信息更加全方位、全角度；有众多粉丝的自媒体数量日益增多，在信息传输环节中的作用越发重要。

体育赛事可以按不同标准区分不同类型。在本文中，根据赛事规模将其分为大型体育赛事和小型体育赛事。大型体育赛事还可细分为超大型体育赛事和具有标志性的体育赛事。奥林匹克运动会、世界锦标赛、亚洲运动会、全国运动会以及某项运动的职业联赛等均属于大型体育赛事的范畴。由于大型体育赛事具有持续时间长、参与群体大、赛事规模大、参与报道的媒体众多的特点，有极大的研究价值，故而本文对大型体育赛事的营销推广策略研究有一定实际意义和价值；而小型体育赛事不作为本文研究对象，在此不做赘述。

体育赛事营销即将传统意义上的营销学相关原理应用到体育赛事本身及体育赛事衍生品（如门票、纪念品、场馆、广告赞助等）之中，以此获取最大化价值的营销活动。通过概念解读可知，体育赛事营销活动可以从两方面来加以分析：其一是对体育赛事本身进行的营销活动，也就是向消费者“兜售”赛事服务和观赛体验的营销；其二是对体育赛事的副产品和投放广告的企业的产品和服务进行营销的活动。

综上所述，本文所提出的体育赛事营销是基于全媒体时代的媒体大环境下，充分发挥媒体在体育赛事营销中的能动作用，制订正确的营销策略，从而提高体育赛事的市场化运作水平，扩大体育赛事的影响力，促进我国体育产业的快速发展。

二、全媒体时代下大型体育赛事营销的瓶颈

（一）体育赛事信息传播碎片化

社交媒体发展至今，在带来便捷的同时也给受众培养了碎片化的阅读习惯和信息接收分享习惯，其症结在于，微博、微信等主要的新媒体平台发布的信息杂乱无章。以微博为例，即使现今微博已经推出长文章的发布形式，但人们已经养成的分享信息习惯是在140字内发布信息，超出140字，人们的专注力就会有所下降且容易被打断。

因此，在这140字的限制中，很难抓住重点来描述体育赛事本身的内容，原本完整的赛事信息被人为打碎。在传播时间上，微博主页的信息呈现形式是线性的，按照时间先后顺序排列，并且还会有系统发布的热门信息打断原本的时间顺序，在信息传递上容易被中断。中断后的注意力再回到以前的关注点上已经很难，加之在信息的洪流中要找到之前浏览的信息更是难上加难。

社交媒体发布信息的中断性和碎片化，严重消耗着受众对体育赛事本身已经有限的耐心，造成重要赛事信息缺失。

（二）体育赛事与新媒体之间存在传统媒体二次传输

在我国，新媒体没有新闻事件的采访权，只能转载传统媒体的文章。作为新媒体，只能在传统媒体发出报道后进行二次转载，在此过程中，传统媒体是连接体育赛事和新媒体的桥梁。

基于此，新媒体要进行赛事的营销推广，必须将自身挂靠在传统媒体之上，即传统媒体转型后的新媒体平台，如央视体育等。

（三）新媒体的娱乐性特质

与传统媒体相比，在新媒体平台上发布信息的门槛低，用户发布的信息更加随意化和个性化，同时，许多拥有一定数量粉丝的微博“大V”（知名认证用户）出于“热点碰瓷”的心理，也会发布一些与赛事相关的运动员的奇闻轶事来博人眼球。

社交媒体上难以控制的信息集聚后，原本无心的言论深度发酵后容易形成一边倒的舆论，从而对备战的运动员造成心理压力，影响比赛成绩，对社会也会造成不良影响。

三、全媒体时代下大型体育赛事营销策略探析

体育赛事营销本身是一种多因素、多种资源集合碰撞的综合作用下的整合营销。鉴于以上对全媒体环境下大型体育赛事营销面临种种挑战的分析，并结合我国媒体发展现状，在媒体融合、全媒体的大背景下，提出以下关于大型体育赛事的营销策略。

（一）传统媒体与新媒体合力报道，提高大型体育赛事信息传递的连续性

传统媒体与新媒体的融合报道是媒体发展的必然趋势，在我国大型体育赛事营销方面也必须围绕此进行。传统媒体可以借助新媒体弥补其在时效性上的先天差距；新媒体可以借助传统媒体的权威性和连续性，弥补自身碎片化及无采访权的不足。二者相辅相成，充分发掘媒体报道领域的广阔资源，建立高效的体育赛事报道模式。

在传统媒体与新媒体合力之下，还应做好报道计划的规划。针对一场大型体育赛事，要制订充分的报道计划。应将比赛分为赛前、赛中、赛后三个大的阶段，并在此前提下，在赛事的每个阶段都制订翔实的计划，该计划应该且不只包含摄像机位、机位配备摄像师、参与每个项目报道的记者及其职责、每个项目的采访对象……这些都应在报道前经过多次开会商讨并确定。当然，此结果应涵盖对可能出现的意外状况（如运动员伤病、比赛创新点、运动员个人行

为等）的处理预案，在此应设置机动采访报道人员，不遗漏赛事的新闻点，引发并满足受众对赛事的渴望。

（二）主办方开通社交媒体账号，发布官方权威信息

大型体育赛事主办方可在赛事举办之初或赛事申办成功之际申请赛事组委会官方微博，发布官方权威信息，以此弥补新媒体平台信息的不足。主办方还可以以此实现与受众的交流互动，并发布一系列与赛事相关的活动信息，充分做好互动营销，吸引受众关注，并培养潜在的粉丝群体。

主办方开通社交媒体账号不仅在于发布权威信息，还在于及时发布及维护预赛时相关的赛事品牌形象、售卖赛事门票、发布赛事相关信息。应做好网络上对赛事舆情的监测，及时对虚假信息做好辟谣工作，阻断虚假信息的传播。

更为重要的是，主办方的微博还可与广告赞助商的微博互动，在此提倡的是更为个性化的互动。现在的受众已经对硬广告产生一定的免疫力，因此，主办方社交媒体账号的实际运营者团队中应该有社交媒体深度使用者，熟悉社交媒体的用户使用行为习惯，谙熟对社交媒体语言的运用，在与赞助商账号互动时，能够做到形象生动，不会使受众产生反感，并能够主动接受这种互动和广告植入模式。

（三）体育赛事与赞助商捆绑合力营销，提高赞助商收益

在体育赛事的媒体选择上，电视是首选媒体。电视凭借其能够全程转播的优势，成为报道体育赛事的各种媒体中受众最集中的媒体，因此，电视是体育赛事赞助商的首选媒体。

与此同时，伴随着手机应用的深度开发、视频客户端的发展、网络技术的发达，除对电视直播赞助之外，网络广告凭借其互动性强、传播范围广、广告形式灵活多样等特点也日渐成为赞助商选择的主要渠道之一。

由于网络是各种信息庞杂交织的平台，因此，对网络广告的投放也应该注意投放形式，选择最优投放形式，合理安排网络广告的投放时间段及投放平台。笔者认为，最佳投放平台应为上一点中提及的与赛事权威官方账号合力发布，在此不再赘述。赞助商与赛事主办方在广告发布前应进行广告发布效果评估，选择合

适的营销平台投放广告，从而在广告投放后获得最优化的传播效果。

体育赛事带给赞助商的收益具体包括哪些呢？以奥运会为例说明，奥运会与赞助商的全球合作开始于1985年，当时的合作伙伴只有9个，而到2016年已经达到了12个。成为奥运会的全球合作伙伴后，赞助商将会获得巨大的收益，其中，包括涵盖200多个国家的知名度，并且可以使用奥运会相关的图标，由于奥运会的赞助商在一个领域只能允许一家参与，该赞助商相当于在奥运会期间占领了该行业金字塔的顶部突出位置。

（四）做好赛事营销的总结工作，指导将来的报道实践

在整个体育赛事的报道结束后，要对本阶段报道行为进行归纳和总结。每次赛事所处的时间不一样，媒体环境也必然不同，应对每次赛事的报道行为进行归纳和总结，为下一次报道提供充分的借鉴。

因此，该次报道总结的是哪些内容和问题，对媒体而言就显得尤为重要。在报道中要总结本次赛事的报道角度、人员分配、媒体选择及各种媒体在报道中所占比重等，能够形成一个量化的指标，以及系统、全面、权威的媒体赛事报告，并在媒体机构进行存档，为下一届体育赛事的媒体计划提供借鉴。

（五）对大型体育赛事进行营销推广的深远意义

1. 塑造赛事承办地的城市品牌

在当今社会，城市营销也变成热议话题，城市之间通过市场营销的方式，运用营销学的相关理念，对城市的品牌进行商业营销，以吸引更多的投资，改善城市居民的居住环境，提升城市软实力。

大型体育赛事的承办会在赛事举办地开辟一系列全新且具有科技价值的比赛场馆，对城市各方面综合治理也会带来显而易见的改变。

大型体育赛事的承办能够把全国甚至全球的目光吸引到举办地，成为城市发展的一种强大助推力。例如，2008年北京奥运会的成功举办，北京周围关闭、拆迁了一大批高污染企业，生态环境得到了明显的改善，同时，北京是具有悠久历史文化积淀的城市，在国际上塑造了良好的城市形象，作为全世界知名的大都市，得到了更为广泛的认可。

2. 促进对青少年后备体育力量的开发与培养

当今社会，青少年群体使用最多的媒介就是手机、电脑等电子产品，体育赛事信息通过这些媒介来进行传递，日积月累，对青少年看待体育的态度、体育价值观会有一定的影响，而且这些影响是潜在的。首先使他们对某些运动产生兴趣，当潜在影响也就是兴趣达到一定程度引起质变时，他们会有很强烈的从事某项体育运动的欲望，希望通过专项运动的训练来完善自己，达到某种愿望。

而当青少年从事某项运动的日常训练时，他们会对这一领域有自己的理解，对自己的水平也有一定的了解。倘若此时，有一场大型体育赛事举办，他们通过媒体关注比赛，接触比赛中的战略战术、人员调配、明星球员等，会在其观念里与自己的情况进行对比，在潜意识里进行学习和模仿。

3. 提高举办赛事原场馆的回收利用率

众多的国内外大型赛事开办前，赛事举办地都会重新修建设施齐全、功能齐备的体育场馆。当赛事结束后，赛事举办地都会对这些场馆进行维护和修整，保证场馆的回收使用率，很多城市都在场馆周围兴建了健身器械、城市小型篮球场和足球场等，借助赛事的举办，让体育运动的余韵继续在城市中回荡。

2016年里约奥运会后，几个主要场馆基本上都荒废了。而在我国，2008年奥运会后，对几个主要场馆如鸟巢、水立方等都进行了不同程度的维护，迄今仍在发挥作用。水立方在2013年后，承办了明星体育竞技真人秀《星跳水立方》，凭借该节目的热播，人们将目光投向了跳水；鸟巢也承办了几场大型的演唱会，继续发挥着它创造经济效益的作用。

四、结论

对大型体育赛事进行营销是体育赛事成功举办的前提之一，是保证体育赛事产生理想效果的重要方式，而推广是关于如何使大型赛事的影响持续下去的方法。全媒体时代为体育赛事的营销提供了更多的机遇和挑战，只有把握机遇，化挑战为策略，才能展示出更好的赛事形象，服务于体育事业，开发大型体育市场，为我国的体育事业发展做出贡献。

核心稳定性力量训练对单板滑雪U型场地技巧运动员技术能力的影响

张家口市宣化第二中学　孙志峰

摘要： 本文通过实验法，对单板滑雪U型场地技巧运动员进行核心稳定性力量训练前后的各项指标的测评数据结果加以分析，发现核心稳定性力量训练对单板滑雪U型场地技巧运动员的动作完成的各项指标均有积极的影响，使其运动成绩有明显提高，同时对单板滑雪U型场地技巧运动员今后的训练给出可行性建议。

关键词： 核心稳定性力量训练；U型场地；运动技术能力

单板滑雪U型场地滑雪属于典型的技能类表现性运动项目，既是冬奥会的竞技项目，又是冬运会的竞技项目，这类项目要求运动员在完成整套动作上有很好的身体自控能力。我国近些年来在此项目上大力投入，在青少年运动员的培养、国家队集训等方面，都下了一番功夫，我国运动员在国际高水平单板滑雪U型场地技巧的比赛中也频频亮相，但与国际顶尖水平的运动员相比仍然存在不小的差距。采用核心力量训练方法和手段是否会对单板滑雪U型场地技巧运动员的身体运动能力的提高有效，如何结合专项技术特点确定一套适合该项目运动员专项体能训练需要的“核心训练”方法，需要在夏季陆地体能训练中进行实验研究，并在此基础上过渡到冬季专项体能训练和技术能力训练。本研究的目的是将陆地核心训练的研究成果运用到冬季专项体能训练和技术能力训练中，通过实验获得翔实合理的数据，并进行科学分析，了解核心稳定性力量训练对于单板滑雪U型场地技巧项目运动员的运动成绩的影响，并对训练计划的制订和训练方法的选择提出合理建议。

一、研究对象与方法

（一）研究对象

本文将沈阳体育学院附属竞技体育学校青少年单板滑雪U型场地技巧运动队学生的训练数据记录作为研究对象。

（二）研究方法

1. 文献资料法

在中国知网和沈阳体育学院图书馆查阅相关的文献资料若干篇，其中包括核心稳定性力量训练方法的相关文献，单板滑雪U型场地技巧运动员身体素质提高的相关文献，脊柱稳定性、身体运动时核心稳定性的关系等相关学术资料及相关著作。通过对这些文献进行仔细阅读与分析，确定本文的研究主体与主要研究思路。

2. 专家访谈法

由于本人在科学研究方法上的积累有限，在进行研究之前，通过电话、邮件访谈等方式，与相关专家学者和教练员就文章的选题、研究主体、研究方法、实验方法进行了多次讨论。最终在相关专家和导师的帮助下，确定了研究方法和步骤，明确了研究思路。

3. 实验法

将核心稳定性力量训练与平时训练相结合，在教练员的指导和帮助下，对测试对象进行了全面、系统的核心稳定性力量训练，其中包括基础性核心力量训练阶段及强化训练阶段。以循序渐进的训练作为实验内容，记录在训练前后各项测评指标的数据。表1~表3所示为训练时间及内容的安排。

表1　核心稳定性训练时间安排

训练时间	训练阶段	每周训练次数	每次训练时长
1~4周	夏季，基础训练阶段	5次	30~45分钟

续表

训练时间	训练阶段	每周训练次数	每次训练时长
5~8周	夏季，巩固提高练习阶段	5次	30~45分钟
9~12周	夏季，强化训练阶段	5次	30~45分钟
13~20周	冬季，巩固力量训练阶段	2次	30~45分钟

表2　夏季核心稳定性力量训练时间及内容安排

训练时间	训练阶段	训练内容	组次数	组间歇
第1周	基础训练阶段	双腿双手支撑仰卧桥 直臂双腿支撑俯卧桥 异侧推臂支撑俯卧桥 双肘单腿支撑俯卧桥 双腿单臂支撑俯卧桥	3组×10次	30秒
第2周	基础训练阶段	单腿双手支撑仰卧桥 双腿一点单手支撑侧卧桥 单腿单手支撑侧卧桥	3组×10次	30秒
第3周	基础训练阶段	仰卧屈腿上抬 仰卧屈腿收腹 俯卧两头起	4组×10次	40秒
第4周	基础训练阶段	俯卧臂前平举两头起 俯卧异侧腿臂两头起	4组×10次	40秒
第5周	巩固提高练习阶段	直臂双腿支撑球俯卧桥 双手单腿支撑球俯卧桥 单手双腿支撑球抬臂 直臂腿支撑球抬腿	3组×15次	30秒
第6周	巩固提高练习阶段	肩腿撑球仰卧球 双肩单腿撑球仰卧桥	3组×15次	30秒
第7周	巩固提高练习阶段	肩脚撑球仰卧挺髋 仰卧球体屈体	4组×15次	40秒
第8周	巩固提高练习阶段	仰卧球体收腹 仰卧球体收腹抬腿	4组×15次	40秒
第9周	强化训练阶段	单腿撑球旋髋 坐立球体持球臂上举 仰卧球体上举球转体	4组×15次	50秒
第10周	强化训练阶段	仰卧上举哑铃转体 半卧球体单臂举哑铃侧摆	4组×15次	50秒
第11周	强化训练阶段	跪在球上 站在球上	4组×15次	50秒
第12周	强化训练阶段	双膝跪球持球转髋 徒手站于平衡球蹲起	4组×15次	50秒

表3　冬季核心稳定性巩固力量训练时间及内容安排

训练时间	训练阶段	训练内容	组次数	组间歇
第13周、14周	巩固力量训练阶段	单腿撑球旋髋 坐立球体持球臂上举 仰卧球体上举球转体	3组×15次	60秒
第15周、16周	巩固力量训练阶段	仰卧上举哑铃转体 半卧球体单臂举哑铃侧摆	3组×15次	60秒
第17周、18周	巩固力量训练阶段	跪在球上 站在球上	4组×15次	60秒
第19周、20周	巩固力量训练阶段	双膝跪球持球转髋 徒手站于平衡球蹲起	4组×15次	60秒

4. 数据分析法

通过亲身实验和细致的数据记录，经过科学合理的统计与逻辑分析，得出结论。

二、结果与分析

（一）出槽高度

1. 单次无旋转

从表4核心稳定性力量训练前后单次无旋转前后刃出槽高度的比较数据中可看出，在经过核心稳定性训练后，前刃出槽高度和后刃出槽高度有明显的提高，各提高了0.3米，而前后刃的差异高度不变。

表4　核心稳定性力量训练前后单次无旋转前后刃出槽高度比较

	单次前刃出槽高度	单次后刃出槽高度
训练前	1.7米	1.6米
训练后	2.0米	1.9米
差异	+0.3米	+0.3米

前后刃的单次出槽高度都有明显的提高，说明核心稳定性训练对于出槽高度有着积极的影响，核心稳定性有利于选手在动作完成时的身体姿态以及重心

控制，降低不规范动作的影响，使身体能够成直线完成动作，获得理想的滑行速度与出槽高度，更加有效地完成动作。

2. 多次无旋转

表5为核心稳定性力量训练前后多次无旋转前后刃出槽高度的比较。测试的动作为前刃与后刃交替，一共5次，记录每一次的数值。

表5　核心稳定性力量训练前后多次无旋转前后刃出槽高度比较

	1次（前刃）	2次（后刃）	3次（前刃）	4次（后刃）	5次（前刃）
训练前	1.8米	1.7米	1.9米	1.9米	1.9米
训练后	2.0米	1.8米	2.0米	2.0米	2.0米
差异	+0.2米	+0.1米	+0.1米	+0.1米	+0.1米

从表5可以看出，在5次测试当中，经过核心稳定性力量训练后，出槽高度均有非常明显的提高。其中，第一跳前刃提高了0.2米，第二至第五跳，也都提高了0.1米，说明核心稳定性力量训练对出槽高度有着积极的影响。多次无旋转出槽高度的测评，除体现重心和身体姿势控制外，也能体现良好的核心力量与稳定性的提升，有利于运动员整体运动水平的提升，不是偶然的一两次动作完成得好，而是自身整体动作完成水平的提高，有利于提高发挥的稳定性与连续性。

（二）完成专项空中动作的稳定性

1. 单次最高难度动作

令测验对象分别完成3次前后刃的转体最高难度动作，成功落地算动作完成合格，每个动作均有3次机会，测试结果见表6。

表6　核心稳定性力量训练前后单次最高难度动作完成比较

	前刃难度1		前刃难度2		前刃难度3		后刃难度1		后刃难度2		后刃难度3	
	转体度数	是否成功	转体度数	是否成功	转体度数	是否成功	转体度数	是否成功	转体度数	是否成功	转体度数	是否成功
训练前	720度	是	720度	是	720度	否	540度	是	540度	否	540度	是
训练后	900度	是	900度	是	900度	否	540度	是	540度	是	540度	是

如表6所示，测试的动作为6次机会，让测试对象做出自己所掌握的最高难度动作。表6中数据显示，在核心稳定性力量训练前，6次测试动作，有4次成功，2次未成功，完成动作的成功率达到66.7%；在核心稳定性力量训练之后，6次动作，成功次数为5次，成功率为83.3%。并且，在训练后，前刃的最高难度动作转体度数达到了900度，相比核心稳定性力量训练之前，多了半圈转体，而完成动作的成功率不变。转体动作的核心要义在于对身体垂直轴的控制，在动作完成时，重心越接近垂直轴，力量越能得到有效控制，从而增大了身体的旋转角度，提升了动作的难度，说明核心稳定性力量训练对于单次最高难度动作的完成，有着显著的积极影响，在完成难度方面有所提高，同时也能够提高动作完成的成功率。

2. 多次最高难度动作

根据表6可知，核心稳定性力量训练对单次最高难度动作的完成有着积极的影响。在测评的同时，对测验对象完成多次相同的高难度动作同时加以检测，根据测评对象的实际水平和训练状况，令其完成的动作为“男子后刃540度+前刃720度+反脚前刃720度”，共5次。其完成的程度，以出槽高度是否达到标准、出槽区域是否在规定区域之内、转体是否达到周数等为评定因素，分为优、良、合格、不合格四个等级，由教练员来评定，并记录数据，见表7。

表7　核心稳定性力量训练前后多次高难度动作完成比较

	1次	2次	3次	4次	5次
训练前	合格	合格	良	合格	良
训练后	良	良	优	良	合格

根据表7所示，在核心稳定性力量训练前，测验对象动作完成的优秀率为0、良好率为40%、合格率为60%、不合格率为0；在经过核心稳定性力量训练后，测验对象动作完成的优秀率为20%、良好率为60%、合格率为20%、不合格率为0。可以明显看出，动作完成的优秀率明显提高了。最高难度动作，对每位选手来说，是自身极限的体现，也能够从中看出选手的最大能力范围和潜力发展空间。转体动作的完成质量，与出槽高度、身体重心控制、滑行路线等几项要素密不可

分，其中，核心稳定性力量的控制表现在对重心的控制上，核心力量在动作的完成中，与核心稳定性力量有着明显的分工，控制滑行速度的同时，也帮助维持稳定性的工作。简单来说，速度与力量同时控制，才能够使单板滑雪U型场地技巧动作顺利完成，多次相同动作的完成，有赖于核心稳定性的有效作用，因此可以看出，核心稳定性力量训练对动作完成的积极影响。

3. 滑行线路测评

在完成滑行的规定动作时，有规定范围内的滑行路线、规定范围内的出槽区域，对每一跳规定出槽区域的评判，也是测评动作完成质量的重要因素之一，一套动作中，在规定区域内出槽的，记为合格，见表8。

表8　核心稳定性训练前后滑行线路测评结果比较

	出槽区域1	出槽区域2	出槽区域3	出槽区域4	出槽区域5	完成率
训练前	√	√	√	×	√	80%
训练后	√	√	√	√	√	100%

注：在规定区域内画“√”，不在规定区域内画“×”。

由表8可看出，一套完整动作的完成，5个规定的出槽区域的完成度在训练前后有所差异。训练前，出槽区域的准确完成率为80%；经过核心稳定性力量训练后，出槽区域的准确率达到了100%。核心稳定性力量训练，对于完成动作的出槽区域具有积极显著的影响。

对于出槽区域的评定与滑行线路的评价，有赖于选手的专项力量与核心力量，核心稳定性力量的训练，提高了选手在完成动作时的空中身体控制能力，从而提高了规定滑行路线的完成率。出槽区域规范，也有利于出槽高度的提高和整个动作完成的控制程度的提高，有助于高质量完成动作和全局设计的完善。

（三）专家裁判打分

根据测评对象的实际情况，选择完成动作，在规定的时间和场地内，按照比赛规格完成动作。专家裁判共5名，按照全国锦标赛的标准，针对动作完成时的各项指标进行打分，满分为10分，计算打分结果，去掉一个最高分，去掉一个最低分，将其余三个分数相加，得出总分。

在进行核心稳定性力量训练前，动作总分为19.8分；训练后，动作总分为22.9分，经过系统的核心稳定性力量训练，动作完成专家打出的分值有明显的提高，说明训练对于运动员的比赛成绩有着积极的影响。核心稳定性能力也是运动员完成动作的重要能力之一。

三、结论与建议

（一）结论

由于运动项目的季节性限制，单板滑雪U型场地技巧训练中的核心稳定性训练需结合夏季与冬季训练，系统地将训练分为夏季基础稳定性训练、提高性训练、强化训练；冬季场地训练时也要结合核心稳定性力量的巩固训练，分阶段实施。

经过核心稳定性力量训练，单板滑雪U型场地技巧运动员在出槽高度、完成专项空中动作的稳定性和滑行路线规范度方面，均有非常显著的提高。由此可以看出，进行有计划的、系统的长期核心稳定性力量训练，对于提高以上各项指标有积极作用。

在应用核心稳定性力量训练思路的指导下，适当地改变原有的传统的陆地训练方法与模式，经过实验测试，有显著的效果，有利于单板滑雪U型场地运动员今后在训练方法方面的改进与提高。

（二）建议

应制订系统的核心稳定性力量训练计划，通过科学有效的计划，加上长期如一的坚持，才会收到稳定的效果。

核心稳定性的力量训练，应该适当地融入陆地准备训练中，在训练方法的设置上，考虑到训练对象的具体情况，适当增加趣味性，提高队员的训练兴趣，方能长期坚持，提高运动成绩。

核心稳定性力量训练，是提高运动员身体控制能力与稳定能力的基础性训练，同样适用于其他项目，可根据不同项目的运动特点，与其常规的训练相结合，从而提高运动成绩。

参考文献

[1] 黎涌明，于洪军，资薇，等.论核心力量及其在竞技体育中的训练——起源·问题·发展[J].体育科学，2008（4）：19-29.

[2] 王卫星，李海肖.竞技运动员的核心力量训练研究[J].北京体育大学学报，2007（8）：1119-1121，1131.

[3] 孟献峰，冯嘉.核心力量训练对提高女子短跑运动员竞技能力的研究[J].山东体育学院学报，2009，25（4）：66-67，81.

[4] 冯建军，袁建国.核心稳定性与核心力量研究述评[J].体育学刊，2009（11）：65-69.

越野滑雪长距离项目年度体能训练对比研究

吉林省白山市体育工作队　姜海波

摘要： 本文采用文献资料法、观察法、实验法、数理统计法对白山市越野滑雪队运动员2015—2016年度和2016—2017年度的体能训练进行对比研究。研究发现，越野滑雪项目的体能训练主要由力量训练和心肺功能训练组成。在力量训练中应注重离心力量训练、向心力量训练、爆发力训练和肌肉专项耐力训练的有机结合。在心肺功能训练中应把一般有氧代谢训练放在平路上完成，把无氧阈以上强度训练放在比赛场地完成，这样更加有助于运动员的心肺功能得到符合专项的刺激。

关键词： 越野滑雪；体能训练；力量训练；心肺功能训练

越野滑雪是一项起源于北欧的古老雪上项目。越野滑雪的赛道是由平路、上坡和下坡三种场地条件组成的，三种赛道各占三分之一。由于赛道的限制，在越野滑雪的比赛中包含多种能量代谢形式，可以将越野滑雪项目定为借助器械的周期性耐力性项目。其中，决定越野滑雪项目比赛成绩的条件分为技术水平、体能水平和器材水平。技术水平好的运动员能够在比赛中充分利用下坡时产生的势能，将滑行速度调整到最大并在连续快速的转弯中不会摔倒，能够做到蹬得住、滑得开、停得下。随着科学技术的不断创新，越来越多的高科技手段融入现代越野滑雪项目的比赛中，运动员使用的滑雪器材质量和材质不断创新，滑雪服不但轻盈、保暖，还能起到一定的支撑作用。抛开技术因素和器材因素，运动员在越野滑雪的日常训练中，主要需要解决的问题就是体能问题。体能训练主要围绕两个方面来进行，第一是运动员的心肺功能，第二是运动员的身体力量水平。本文通过对白山市越野滑雪队9名运动员在连续两个训练年度中，在不同训练理念指导下安排的体能训练进行对比分析，力争找出更加适合我国越野滑雪项目运动员的体能训练理念和训练方案，为我国备战2022年北京—张家口冬奥会做出贡献。

一、研究对象与研究方法

（一）研究对象

本研究以白山市体育局体育工作大队越野滑雪队中参加第十三届全国冬季运动会的9名主力队员作为研究对象。运动员身体机能状态良好，无重大伤病，能够完成备战期的全部训练内容，并且愿意参与本次研究。运动员具体情况见表1。

表1　运动员基本情况一览表

运动员数量/人	身高/厘米	体重/千克	训练年限/年
9	179.6±5.5	72.8±6.8	9.1±3.5

（二）研究方法

1. 文献资料法

通过在中国知网、万方数据等网络数据库及吉林体育学院图书馆等处，以越野滑雪、有氧代谢能力等作为关键词进行查阅，找到相关文献38篇、相关著作2部。对前人研究的借鉴，对本研究起到了理论支撑的作用。

2. 观察法

通过对越野滑雪队在2015—2016年度和2016—2017年度训练中运动员每堂训练课的实际完成情况、生理生化指标的变化情况等数据进行跟踪记录，并对记录的实际数据进行整理，以备分析。

3. 实验法

使用德国产便携式血乳酸仪，对运动员有氧代谢能力训练中各个训练内容的血乳酸进行测试，以根据教练员的需要控制运动员的训练强度。使用多功能户外运动手表，监控运动员的训练里程和心率。使用全自动生化分析仪对运动员的血尿素水平进行监控，用以了解运动员训练量的变化情况。

4. 数理统计法

使用Excel 2010软件对数据进行整理分析，找出其中的变化规律，作为本次研究的数据支撑。

二、研究结果与分析

越野滑雪的体能训练由心肺功能训练和力量训练两部分组成，其中心肺功能训练一般包括有氧训练、无氧阈训练和最大摄氧量训练三大类。而力量训练则会根据运动员身体条件的不同略有差异。力量素质好的运动员体重会比较大，这样，在下坡时会产生更大的势能，占有一定的优势；而在上坡时则需要付出更多体力，才能保持较高的移动速度。由于越野滑雪项目受外界影响较大，不同的气候条件、不同的场地条件都会在一定程度上对项目产生一定的影响，因此，很难在相同的训练课之间进行对比，只能在相同性质的比赛中，对运动员的成绩进行对比，这样才能更好地判断运动员成绩是否提升。

（一）年度力量训练计划对比分析

本次研究选取2015—2016年度和2016—2017年度的体能训练进行对比分析，这两个年度的训练都是从前一年的5月开始到次年的3月。其中每年的11月开始进入赛季，训练的时间每年有6个月。在为期6个月的训练中，运动员每周训练7天，早期（5~7月）每天3练。每周保证运动员有2个半天的休息。2015—2016年度运动员每周有2次杠铃力量训练和2次小力量训练，2016—2017年度运动员每周有3次杠铃力量训练和5次小力量训练。具体训练内容见表2。

表2　运动员力量训练安排表

	大力量训练内容	小力量训练内容
2015—2016年度	杠铃深蹲 杠铃卧推 杠铃硬拉 杠铃划船 杠铃挺举 杠铃高翻 杠铃弯举 仰卧臂屈伸	橡皮带单拉 橡皮带双拉 橡皮带二步交替 两头起 平板支撑 侧平板支撑 反身两头起等
2016—2017年度	杠铃深蹲 杠铃卧推 杠铃硬拉 杠铃划船 杠铃挺举 杠铃高翻 杠铃弯举 仰卧臂屈伸	橡皮带单拉 橡皮带双拉 橡皮带二步交替 两头起 平板支撑 侧平板支撑 反身两头起等 单杠三种姿势 双杠

通过表2可知，2015—2016年度与2016—2017年度训练中，大力量训练的内容并没有任何差别，都是以杠铃力量训练为主，发展全身肌肉力量和爆发力。而小力量训练则存在较大区别。2015—2016年度训练中每周单独设计2次课进行小力量的训练，训练中限制运动员的频率，从每分钟90拍的节奏逐步提升到每分钟110拍。时间从30秒换项逐步延长到1分钟换项。在每组橡皮带训练中插一组核心力量训练，每个项目完成3~4组，全部项目练一次为一大组，共计3~4大组。2016—2017年度训练中，取消了专门的2次橡皮带和核心力量小力量训练，改为每天早操跑步后进行单杠、双杠训练，单杠采用正握、反握和对握三种姿势，通过握法的改变能够有效地刺激到不同的肌群，对撑杠的主要发力肌群之一的背阔肌进行充分的力量耐力训练，完成4组，每个动作从10次逐步提升至30次。双杠完成6组，每组从15次逐步提升至40次，提升撑杠的另一主动收缩肌群肱三头肌的力量。在夏训的后期，运动员单杠和双杠的运动能力得到了明显的提升，完成训练内容已经不是问题，问题已经转化为次数过多、耗时过长。在训练中应及时调整训练难度，单杠训练时可让运动员身体不发生任何摆动，后期增加负重；双杠则直接增加负重。运动员的单双杠负重从

5千克起逐步提升至10千克，个别运动员能够完成15千克的负重。在训练中还需注意提升运动员的训练质量，单杠训练时一定要减少身体摆动，下巴应超过单杠，双杠训练时则手臂要完全伸直。

橡皮带拉力训练成了大力量训练之后的专项能力转化训练，训练方法和形式没有改变，只是安排在每周3次的大力量训练之后进行，完成1~2组。杠铃力量训练能力具体变化见表3。

表3　运动员杠铃力量训练对比表　　　　单位：千克

项目	2015—2016年度	2016—2017年度
杠铃深蹲	80.4±12.4	94.5±13.4
杠铃卧推	75.3±10.8	82.5±11.7
杠铃硬拉	94.3±9.5	102.4±15.3
杠铃挺举	45.3±7.4	55.1±10.3
杠铃高翻	65.3±8.9	70.4±6.5
杠铃弯举	23.4±8.8	30.1±7.5
仰卧臂屈伸	24.5±10.1	30.5±7.8

通过表3可以看出，2015—2016年度运动员完成杠铃力量训练的最好成绩与2016—2017年度存在一定幅度的差异，2016—2017年度运动员的成绩要明显好于2015—2016年度。这个差距的产生主要有两方面原因：第一是2015—2016年度的力量训练为2016—2017年度打下了良好的基础，2016—2017年度是在2015—2016年度的基础上进行训练；第二就是2016—2017年度比2015—2016年度每周多进行了1次力量训练。在2015—2016年度的杠铃力量训练中，由于每周只有2次的杠铃力量训练，因此，运动员至少有72小时的恢复时间。在进行力量训练时，把每项训练项目都作为重点来完成，这样的好处是每次训练都能对运动员全身进行充分的力量训练；但是也存在一定的问题，即如果运动员在每次的训练中完成7个动作，每个动作至少完成4组，那样就在每次的训练中至少完成28组以上的训练，运动员在后面的训练中很难保持良好的兴奋性，运动员在训练后期会出现精力不足从而影响力量训练效果的情况。而在

2016—2017年度的杠铃力量训练中，每周安排3次杠铃力量训练，这样就可以在一次的训练中更加侧重于上肢，在下一次的训练中更加侧重下肢，以此循环。运动员可以在把上肢训练得更加充分的同时，维持好下肢的力量水平，也能在把下肢训练得更加充分的同时，补充上肢训练，运动员的休息时间也能够得到保障。更多的训练时间也能在前3个月的训练中，优先发展离心力量，随后发展向心力量。将离心力量和向心力量的水平提升到一个至少完成上一年度最大力量的90%以后，在每周的训练中完成一定的爆发力训练。将向心力量、离心力量、爆发力和肌肉耐力四种力量形式有机地组合在一起，使运动员的力量水平得到显著提高。

（二）年度心肺功能训练对比分析

越野滑雪项目是传统的有氧代谢能力训练，夏季主要依靠滑轮、跑步、爬山等训练形式来实现。但是，在日常训练中，教练员通常选择在与越野滑雪赛道相仿的滑轮场地上进行滑轮训练，这样训练的好处在于上下起伏的训练场地与真正比赛中所使用的场地更加相似，有助于运动员更好地掌握上坡技术和下坡技术。但是，在这样的场地上训练存在的问题是，运动员很难在训练中将心率保持在一个相对平稳的区间。心率随着场地的变化而变化，在一定程度上影响了运动员有氧代谢能力的训练效果。在本次研究中，将传统的有氧代谢能力训练改在相对平坦的公路上进行，这样，使运动员心率始终保持在一个相对稳定的区间。另外，人体的有氧代谢是人体在没有无氧糖酵解供能的情况下进行的运动，而人体有氧与无氧代谢是以无氧阈作为分界点的，在无氧阈强度时人体无氧代谢所产生的乳酸与人体有氧代谢产生的乳酸达到相对的平衡点。因此，在本次研究中选择无氧阈作为强化有氧能力训练的一个参考指标。选择有氧阈作为一般有氧代谢能力训练的一个参考指标，在两个年度的训练中分别将有氧阈和无氧阈作为衡量运动员心肺功能水平的主要评价指标。运动员两年度有氧阈和无氧阈心率变化情况见表4。

表4　运动员两个年度心肺功能训练对比表　　　　单位：次/分

序号	2015—2016年度		2016—2017年度	
	有氧阈心率	无氧阈心率	有氧阈心率	无氧阈心率
1	135	165	134	166
2	138	166	140	170
3	140	169	140	170
4	151	171	149	173
5	155	170	156	175
6	165	175	166	177
7	163	174	166	175
8	168	179	170	180
9	160	172	171	181
10	170	181	175	185
11	172	184	175	188

在对运动员的心肺功能训练进行监控的过程中，从上一年的5月到次年的3月，每个月都会对运动员进行1次递增负荷测试，或者给运动员做小幅度的调整，在训练中采集运动员的有氧阈水平和无氧阈水平，每个年度大概会采集11次，前6次基本使用滑轮训练，后5次使用雪上测试。滑轮测试中可以参考速度这一指标，但是在滑雪的训练中无法使用速度这一指标。为了可以同表对比，故选用心率这一指标作为运动员心肺功能评价标准。

在运动员的两个年度训练中能够看出，2016—2017年度运动员的有氧阈和无氧阈两个心率指标略好于2015—2016年度，并且在2016—2017年度的训练中，运动员有氧阈和无氧阈心率基本是呈现稳步提升的态势。在2015—2016年度训练中出现过几次小幅度的下降。下降的原因是对运动员身体机能和训练承受能力的把控还不是十分准确，使得运动员出现了几次过度疲劳的倾向。教练组及时调整训练计划，才没有发展为过度训练。在2016—2017年度的训练中，充分吸取上一年的训练经验，在运动员即将出现过度疲劳时及时调整，基本上避免了运动员机体出现大幅度疲劳的累积。因此，在2016—2017年度的训练中，运动员只是出现了几次能力维持没有提升的情况，而没有出现下降的情况。

在对心肺耐力的训练中，教练组也对训练思路做出了细致的调整。2015—2016年度的心肺耐力训练中，在无氧阈及以下强度的训练都在平路上完成，虽然在一定程度上起到了提高心肺功能的作用，运动员的心肺功能也确实在短时间内得到了较大幅度的提升，但是与项目特点存在一定的差异，运动员在比赛中攻击上坡时下肢的酸痛反应较大。而2016—2017年度在无氧阈以下强度的训练继续在平路上完成，使运动员保持一个较好的一般有氧能力。在无氧阈及以上强度的训练则在场地上完成，充分利用上坡和下坡提高训练专项刺激，在后续的比赛中取得良好的效果，且运动员不会出现大幅度的肌肉酸痛现象。

（三）运动员年度比赛成绩对比

2015—2016年度最重要的比赛是第十三届全国冬季运动会，各省均倾尽全力准备这场比赛。在这次比赛中，测试对象所在运动队在接力项目上由于出现断杖的情况只获得第五名，而个人项目均未进前20名。而在2016—2017年度最重要的比赛——全国锦标赛中，运动员在个人项目中获得两个第六名、一个第五名的好成绩，并在接力比赛中获得第三名。抛开客观因素的影响，运动员的进步幅度较大，说明2016—2017年度的训练效果要明显好于2015—2016年度。

三、结论与建议

结合留学学习和实践，越野滑雪项目的体能训练应遵循项目特点，明确越野滑雪项目的制胜关键是心肺功能训练和力量训练。在力量训练中应把离心力量训练、向心力量训练、爆发力训练和肌肉耐力训练有机结合在一起。应重点发展对比赛起到推进作用的背部肌群和手臂肌群，次要发展起到支撑作用的核心肌群和下肢肌群。在力量训练中，使杠铃力量训练做到有针对性，并在杠铃力量训练后加入结合专项的橡皮带模仿拉力训练，这样更有助于力量训练效果的转化。在心肺功能训练中应注重在平路上完成一般有氧耐力训练，把无氧阈及以上强度的训练放到比赛场地上去完成，这样有针对性的刺激更有助于提升运动员的专项能量和代谢能力。